Friedenspreis
des Deutschen Buchhandels

FRIEDENSPREIS DES DEUTSCHEN BUCHHANDELS

PEACE PRIZE OF THE GERMAN BOOK TRADE

2015

Navid Kermani

Ansprachen aus Anlass der Verleihung

Conferment Speeches

Börsenverein des Deutschen Buchhandels

German Booksellers and Publishers Association

Die hier veröffentlichten Reden, die aus Anlass
der Verleihung des Friedenspreises des Deutschen Buchhandels
an Navid Kermani am 18. Oktober 2015 in der Paulskirche
zu Frankfurt am Main gehalten wurden,
sind die von den Urhebern autorisierten Fassungen.

ISBN 978-3-7657-3299-7
Copyright © Börsenverein des Deutschen Buchhandels e. V.
Frankfurt am Main 2016
im Verlag MVB Marketing- und Verlagsservice des Buchhandels GmbH
5., durchgesehene und verbesserte Auflage

Texte, Redaktion und Lektorat Martin Schult
Foto Bogenberger/autorenfotos.com
Gestaltung und Satz Farnschläder & Mahlstedt, Hamburg
Druck und Bindung Kösel, Altusried-Krugzell
Übersetzungen Wieland Hoban
und The Hagedorn Group

INHALT CONTENTS

Den Friedenspreis des Deutschen Buchhandels
verleiht der Börsenverein im Jahr 2015 an

Navid Kermani

Der deutsche Schriftsteller, Orientalist und Essayist ist eine der wichtigsten Stimmen in unserer Gesellschaft, die sich mehr denn je den Erfahrungswelten von Menschen unterschiedlichster nationaler und religiöser Herkunft stellen muss, um ein friedliches, an den Menschenrechten orientiertes Zusammenleben zu ermöglichen.

Seine wissenschaftlichen Arbeiten, in denen er Fragen der Mystik, der Ästhetik und der Theodizee insbesondere im Raum des Islam nachgeht, weisen Navid Kermani als Autor aus, der mit großer Sachkenntnis in die theologischen und gesellschaftlichen Diskurse einzugreifen vermag.

Die Romane und Essays von Navid Kermani, insbesondere aber auch seine Reportagen aus Krisengebieten zeigen, wie sehr er sich der Würde des einzelnen Menschen und dem Respekt für die verschiedenen Kulturen und Religionen verpflichtet weiß, und wie sehr er sich für eine offene europäische Gesellschaft einsetzt, die Flüchtlingen Schutz bietet und der Menschlichkeit Raum gibt.

Börsenverein des Deutschen Buchhandels e. V.
Der Vorsteher
Heinrich Riethmüller

Frankfurt am Main, in der Paulskirche
18. Oktober 2015

Heinrich Riethmüller

Vorsteher des Börsenvereins des
Deutschen Buchhandels

Ihr wandelt droben im Licht
Auf weichem Boden, selige Genien!
Glänzende Götterlüfte
Rühren euch leicht,
Wie die Finger der Künstlerin
Heilige Saiten.

Schicksallos, wie der schlafende
Säugling, atmen die Himmlischen;
Keusch bewahrt
In bescheidener Knospe,
Blühet ewig
Ihnen der Geist,
Und die seligen Augen
Blicken in stiller
Ewiger Klarheit.

Doch uns ist gegeben,
Auf keiner Stätte zu ruhn,
Es schwinden, es fallen
Die leidenden Menschen
Blindlings von einer
Stunde zur andern,
Wie Wasser von Klippe
Zu Klippe geworfen,
Jahr lang ins Ungewisse hinab.

Auf das Leiden an der Welt, vor allem im Vergleich mit den Göttern, die »auf weichem Boden wandeln«, kommt der Dichter Friedrich Hölderlin, der mein Leben in Tübingen, aber auch das von Navid Kermani geprägt hat, in dem Gedicht »Hyperions Schicksalslied« immer wieder zu sprechen; auf das Schicksal des Menschen, das Leben in seiner ganzen Schwere ertragen zu müssen, unfähig zu sein, es selbst zu bestimmen und in die Hand zu nehmen, sozusagen der Spielball der Götter zu sein. Heute, da wir nicht mehr an »die Götter« glauben, hat das Leid der Welt für jeden aufgeklärten und politisch denkenden Menschen eine ganz andere Dimension bekommen. Konnte Hölderlin noch Klage darüber führen, dass der Mensch auf Erden – schicksalhaft – zum Leiden verdammt sei, die Götter das so bestimmt hätten, wissen wir »modernen Ungläubigen«, dass es uns nicht zusteht, andere, gar überirdische Kräfte für die Gründe des Leidens verantwortlich zu machen.

Für das Leid der Welt – und somit auch für das Leiden an der Welt – ist der Mensch selbst verantwortlich. Wir können uns nicht mehr damit herausreden, nichts zu wissen, wir können uns nicht auf das Schicksal berufen, sondern wir müssen uns unserer Verantwortung stellen. Denn noch nie haben wir mehr vom Unglück der Welt gesehen als heute. Wir sind über alles informiert, eine schreckliche Nachricht jagt die andere, die Bilder von Kriegen, Flüchtlingen und Katastrophen werden uns täglich in die Wohnzimmer geliefert.

◇

Navid Kermani, der als Schriftsteller, als Reisender, Wissenschaftler und Mensch verschiedene Kulturen und zumindest zwei Weltreligionen aus eigenem Erleben intensiv kennengelernt und studiert hat, stellt uns mit seinen Reden, den Essays und akademischen Büchern, aber auch mit seinen Romanen ein beeindruckendes Werk zur Verfügung, mit dem wir ihn und seine Haltung nachvollziehen und unsere eigene Meinung prüfen, Urteile und Vorurteile hinterfragen können. Er beschreibt diese scheinbar fremden Welten und Ansichten, er erklärt uns, wie viel die großen Weltreligionen miteinander verbindet, und er schlägt Alternativen für ein friedliches Zusammenleben vor, auch in dem Wissen um die nicht lösbare Aufgabe.

Unsere Welt braucht Vorbilder. Menschen, die uns immer wieder Orientierung geben, die zeigen, dass es sich lohnt, füreinander einzustehen, sich zu engagieren, die beweisen, dass Frieden und Freiheit nur dann gelingen können, wenn man über den Rand des eigenen Horizonts blickt, wenn man sich aktiv einmischt und wenn man bereit ist, die Freiheit gegen ihre inneren wie äußeren Feinde zu verteidigen.

Für den Stiftungsrat des Friedenspreises ist der Mensch Navid Kermani ein Vorbild: ein aufgeklärter Bürger, der Hölderlin und die Poesie liebt, der aus der Literatur und aus seiner Religiosität die Anregungen, Erkenntnisse und Kraft zu schöpfen scheint, die wir, angesichts einer Welt, die aus den Fugen gerät, alle brauchen.

Liebe Festgesellschaft: Der Buchhandel in Deutschland ist stolz darauf, dass mit der Verleihung des Friedenspreises an Navid Kermani ein Kosmopolit ausgezeichnet wird, der glaubwürdig und engagiert für Toleranz, Offenheit und Freiheit wirbt.

Wir gratulieren ihm ganz herzlich.

Heinrich Riethmüller

President of the German Publishers
and Booksellers Association

You walk above in the light,
Weightless tread a soft floor, blessed genii!
Radiant the gods' mild breezes
Gently play on you
As the girl artist's fingers
On holy strings.

Fateless the Heavenly breathe
Like an unweaned infant asleep;
Chastely preserved
In modest bud
For ever their minds
Are in flower
And their blissful eyes
Eternally tranquil gaze,

Eternally clear.
But we are fated
To find no foothold, no rest,
And suffering mortals
Dwindle and fall
Headlong from one
Hour to the next,
Hurled like water

Translated into English by Michael Hamburger.

In his poem »Hyperion's Song of Fate,« Friedrich Hölderlin – an important presence in my life in Tübingen as well as in Navid Kermani's – repeatedly evokes the notion of the suffering of the world, particularly in contrast to the gods who walk »on a soft floor.« He reminds us of the fate of mortals, which is merely to endure the full weight of life, unable to control it, unable to take it into our hands, to be but a plaything of the gods. Today, because we no longer believe in »the gods,« the suffering of the world has taken on a different dimension for any enlightened and politically minded individual. While Hölderlin was able to complain that mortals on earth were fatefully doomed to suffer because the gods had determined so, we »modern non-believers« know that we can no longer blame any other, supernatural forces for causing the suffering.

In fact, mortals themselves are responsible for the world's suffering and thus also for our suffering from the world. We can no longer claim to not know; we can no longer claim that life is subject to fate. Instead, we must face up to our responsibilities, because never before have we witnessed more of the misfortunes of the world than today. We are informed about everything. One terrible news item follows the next. Images of wars, refugees and catastrophes are delivered to our living rooms every day. Against this backdrop, ignorance is no longer a valid excuse; instead, we are confronted with the allegation that we are consciously looking the other way.

◇

As an author moving in various guises – explorer, academic, human being – Navid Kermani has investigated and deeply acquainted himself with different cultures and at least two world religions by means of gathering his own, hands-on experience. The result is an impressive oeuvre consisting of speeches, essays and academic books, but also of novels that invite us to understand him and his points-of-view, and also to analyze our own opinions and cross-examine our own judgments and prejudices. Kermani explores worlds and perspectives that many would argue are foreign to one another, only to reveal just how much the world's major religions are indeed deeply connected to one another. And, finally, he proposes alternatives for our peaceful coexistence, all the while knowing that this would be an almost unfathomable undertaking.

Our world needs role models; people who provide us with orientation, who show that it is worth it to get involved and stand up for each other. People who prove that peace and freedom can only succeed if we look beyond our own immediate horizon, that is, if we become actively involved and if we are prepared to stand up for freedom against any of its internal and external enemies.

For all of us on the Board of Trustees of the Peace Prize of the German Book Trade, Navid Kermani is such a man. He is an enlightened citizen, one who loves Hölderlin and poetry, and who draws from literature and his own religiosity the inspiration, insight, and strength we all need in light of a world that has seemingly come apart at the seams.

Ladies and gentlemen, Germany's publishing and bookselling community is extremely proud to be awarding its Peace Prize to Navid Kermani. Indeed, it is a privilege to honor this sincere cosmopolitan who is committed to tolerance, openness and peace. And it is to him that we extend our warmest congratulations today.

Translated into English by The Hagedorn Group.

Peter Feldmann

Oberbürgermeister der Stadt
Frankfurt am Main

Im Namen der Stadt Frankfurt heiße ich sie herzlich willkommen in der Paulskirche, dem Wahrzeichen unserer deutschen Demokratie, zur Verleihung des Friedenspreises des Deutschen Buchhandels an Navid Kermani!

In Frankfurt leben 720 000 Menschen: keine Religion, die hier nicht vertreten ist. Von über 190 Nationen weltweit sind 180 Nationen in unserer Stadt vertreten, internationaler geht es nicht. Und wir kommen mit unserem Kosmos gut klar. Und es war deshalb sicherlich kein Zufall, dass in Frankfurt vorletzte Woche drei Tage »25 Jahre Deutsche Einheit« gefeiert wurde. Deutschland kann Integration; und Frankfurt sicherlich ganz besonders. Sicherlich etwas anders als in dem preußischen Berlin, sicherlich etwas anders als in der beschaulichen Landeshauptstadt Wiesbaden. Aber wir können es – bunt, laut und sehr international.

1989 war die Herausforderung, im geeinten Deutschland zwei Drittel Bevölkerung im Westen mit einem Drittel im Osten zusammenzubringen. Heute ist die deutsche Realität, zwei Drittel der Menschen mit deutschen Vorfahren und ein Drittel mit Wurzeln in einem anderen Land, einer anderen Kultur zusammenzubringen. Das große Projekt unserer Generation ist die europäische Einheit: Es ist eine Einheit der Werte, unserer Werte, wie die unveräußerlichen Menschenrechte, die Rechtsstaatlichkeit und selbstverständlich die repräsentative Demokratie.

Diese Werte stehen in Anbetracht der grauenhaften Geschehnisse im Nahen Osten vor einer Bewährungsprobe. Wir erleben gerade einen Stresstest für unsere Werte. Wir sind aufgerufen, diese Werte konsequent zu verteidigen. Nur dann werden wir die Men-

schen, die derzeit zu uns fliehen, und die, die in ihren Herkunfts-
ländern bleiben, überzeugen, die freie Gesellschaftsordnung ebenfalls zu unterstützen.

◊

Sie, Herr Kermani, zeigten sich in der letzten Woche besorgt, wie
zerstritten und wie unsolidarisch Europa teilweise in dieser Situation agiert. Eines dieser Rechte, für das Menschen über Jahrhun-
derte in diesem Europa ihr Leben riskiert haben, ist das Recht der
freien Meinungsäußerung.

Unser diesjähriger Preisträger weiß aus eigener Lebenserfah-
rung, wie kostbar dieses Recht ist. Wir danken ihm dafür, dass er
von diesem Recht unerschrocken, unermüdlich und auch radikal
Gebrauch macht. Wir bewundern und unterstützen das.

Lieber Herr Kermani! Lieber Preisträger! Herzlichen Glück-
wunsch zum Friedenspreis des Deutschen Buchhandels!

Peter Feldmann

Lord Mayor of the City of
Frankfurt am Main

On behalf of the City of Frankfurt, I would like to welcome you to the Church of St. Paul – this landmark of German democracy – and to the ceremony awarding the Peace Prize of the German Book Trade to Navid Kermani.

Today, 720,000 people live in Frankfurt, a city that is home to members of all the religions of the world. Indeed, of the over 190 nations across the globe, 180 nations are represented here. In fact, Frankfurters thrive as a result of the cosmos of their city. And it is surely no coincidence that Frankfurt hosted the »25 Years of German Unity« celebrations for three days only a couple of weeks ago. Germany is good at integration; and Frankfurt does it especially well. To be sure, we do it differently than in Berlin and certainly a bit differently than in the tranquil state capital of Wiesbaden. But we do it – in our own colorful, loud and international way.

In 1989, the challenge facing a newly unified Germany was to bring together the two-thirds of the population that lived in the West with the one-third that lived in the East. Today's German reality reflects the challenge of bringing together the two-thirds of the population with German ancestry with the one-third of the population that has its roots in another country or culture. The decisive project of our generation is European unity: a unity of values, our values, which include inalienable human rights, the rule of law and, of course, representative democracy.

In consequence of the horrific events in the Middle East, these values are being put to a serious test. Indeed, at the moment, we are experiencing a stress test of our values. We are being called upon to defend these values as clearly and as thoroughly as possible. Only then will we be able to convince the people who are currently fleeing to our shores – as well as those choosing to remain in their countries of origin – to join us in fostering societies that are based on freedom and tolerance.

◇

Mr. Kermani, in the past week, you have expressed concern about the extent to which Europe is behaving in a disunited manner and showing a distinct lack of solidarity in this situation. One of the rights for which people have risked their lives for centuries in Europe is the right to freedom of expression.

This year's Peace Prize recipient knows from his own life experience how precious this right is. We thank him for making use of this right in such a bold, tireless and radical manner. We admire and support your efforts.

Dear Mr. Kermani! Congratulations on receiving the Peace Prize of the German Book Trade!

Translated into English by The Hagedorn Group.

Norbert Miller

Wortglauben – Bildvertrauen.
Navid Kermanis west-östliche
Friedenserkundungen

Als »Der Roman, den ich schreibe« einem ersten, und – wie konnte es anders sein? – vorläufigen Ende zusteuerte, fiel der Verleger dieses Riesenwerks vor Bewunderung in das ihm fremde bayrische Idiom. Michael Krüger meinte, das fertige Gericht werde – aus *sehr* verschiedenen Zutaten zusammengemischt, vom Autor nach Laune gewürzt und gerundet – der Leserwelt sich als »ein richtiger Knödel« darstellen, wobei er das Bild nicht weiter ausführte. So weit ist die Zielsetzung des Autors von dieser prosaischen Charakteristik seines Buchs nicht entfernt, wenn Kermani es beharrlich und begründet einen *Roman* nennt, eine Fiktion, ein ins Ungewisse ausgreifendes Spiel der Einbildungskraft, dessen Held »an einigen Stellen Navid Kermani genannt wird«.

Auf Donnerstag, den 8. Juni 2006, 11:18 Uhr datiert der Autor einen neuen Abschnitt seines Lebens und den ersten Satz seines zu schreibenden Romans. Und am Samstag, dem 11. Juni 2011, um 10:15 Uhr, während er in Los Angeles vor der verschlossenen Tür einer Presbyterianischen Kirche vergeblich auf Einlaß wartet, weiß er in diesem *zufälligen* Augenblick, daß unwiderruflich im Buch kein Platz mehr ist für Nachträge. Das unterstreicht mit buchhalterischer Akribie: die Handlungsgegenwart ist die Schreibgegenwart, und das beinhaltet alles, was der fiktiv-wirkliche Autor Kermani in diesen fünf Jahren erlebt, sich vorstellt oder für seine Zwecke erfindet – die Ehekrise und die Trennung von den Kindern, die Auseinandersetzung mit dem politischen Geschehen und die Reisen in Krisengebiete des Nahen und Fernen Ostens. Sie gehören ebenso zum Handlungsgerüst des nach vorne offenen Romans wie das Lesen von Adorno – und gelegentlich Heidegger – oder die Entdeckungen, die der mit der persischen Dichtung von früh an vertraute Autor-Leser in Hölderlins Lyrik und in den Romanen von Jean Paul macht – dieses einzigen Morgenländers in der deutschen Poesie.

Alles das mündet in den breiten Strom des Erzählens: so gingen viele der Reportagen von den Reisen in eine beunruhigte Welt, die zeitgleich zwischen 2006 und 2009 entstanden, als Kapitel im Romanzusammenhang auf. Im Gegenzug lösten sich, während des für seine schriftstellerische Entwicklung so wichtigen Jahres 2008 in der römischen Villa Massimo, ein paar der Kunsterweckungen vor den barocken Altarbildern des Caravaggio aus dem Zusammenhang des Tagebuch-Romans und erschienen für sich. Die Überlegungen zu Hölderlin und Jean Paul schließlich bildeten die Grundlage der Frankfurter Poetikvorlesungen. Sie gingen dem Erscheinen des Romans voraus, gaben sich aber, als sie ein Jahr nach dem Buch veröffentlicht wurden, durch ihren Titel als Teil des immer weitergehenden Projekts zu erkennen: »Jean Paul, Hölderlin und der Roman, den ich schreibe.« Zu diesem Zeitpunkt trug der Roman aber bereits den ungeliebten neuen Titel: »Dein Name«. Dieses Festhalten am Schreibvorgang als Lebensprogramm des Schriftstellers Kermani, der Endlichkeit entgegengehalten, begreift in sich auch alle künftigen Äußerungen. Sie alle sind, bis auf diesen heutigen Tag, Teil eines *roman à faire*.

◇

Die beherrschende Figur hinter dem aufgespannten Gitter der prägenden Familienschicksale ist der Großvater. Als Bankdirektor in Isfahan auf den bürgerlichen Fortschritt vertrauend, als Familienoberhaupt in weit zurückreichenden Traditionen des Islam verwurzelt, prägt er die Erinnerung und das Denken seines Enkels. Wie war es denkbar, als tiefgläubiger Muslim der englischen Verfassung und Erziehung das Wort zu reden? Wie waren in seiner gesellschaftlichen Rolle Fortschritt und Tradition, Glaubenssicherheit und Aufklärung auszuhalten ohne schleichende Assimilation an den Westen?

Kermani kommt, wann immer er über die kulturellen und politischen Katastrophen grübelt, auf die gelebte Utopie dieses Patriarchen zurück, auf seine Hoffnung, für die beiden aus gleichem Boden erwachsenen Religionen einen tragfähigen, gemeinsamen Neuanfang zu finden. Die anspruchslosen, von der Familie nicht weiter beachteten Hefte, in denen der Großvater seine Erinnerungen und Überlegungen aufgeschrieben hatte – sie werden dem Enkel zur Verpflichtung, ja, zu einer Art Vorentwurf für das zu schreibende Buch. Seine Epoche, die der Enkel nur aus den Aufzeichnungen und aus Erzählungen kennt, vielleicht auch sein Schreibstil, prägen die Wahrnehmung auch dann, wenn nicht die frühere, vergleichsweise heile Lebenswelt des Iran, sondern die verzerrte Gegenwart in den Blick gerät. Vieles an der Zuversicht des Großvaters, ausweglose Situationen durch Gnade zu meistern, scheint auf den skeptischeren Chronisten übergegangen zu sein, der dann von Zufall spricht. Und auch die Überzeugung, nur der Glaube, nur das Vertrauen in den gemeinsamen Kern der so schroff geschiedenen Religionen könne der modernen Gesellschaft einen Neuanfang ermöglichen, ist bewusster Rückgriff. So hieß das große Buch noch am 11. Mai 2010 in der ersten Frankfurter Poetikvorlesung: »Das Leben seines Großvaters«, obwohl der Großvater als handelnde Figur erst vergleichsweise spät auftritt.

Schließlich – und das vor allem – ist der Roman »im Kern ein ›Totenbuch‹. Er gedenkt der Menschen, die in meinem Leben sterben. Ob die Toten jemanden brauchen, der ihren Namen bewahrt, bezweifele ich. Gelernt habe ich, als ich mein Buch schrieb, daß *wir* sie brauchen – daß etwas in uns stirbt, wenn wir sie nicht anrufen: das Leben, das wir mit ihnen geteilt haben.« In langer Reihe ziehen deshalb, wie in den Romanen des von ihm bewunderten Jean Paul, die Schatten derer vorüber, die ihm während des Schreibens nahe waren und ihn verlassen haben. In bedrohlicher Dichte: Istvàn Eörsi, die Schauspielerin Claudia Fenner, der Islamwissenschaftler Friedrich Niewöhner, ihm durch Generosität im Streit nah verbunden, der Onkel Djavad Ketabi und der Komponist György Sandor Ligeti, den er im Wissenschaftskolleg Berlin bewundert hatte. In unregelmäßigen Abständen begleiten, die Perspektiven ausweitend, diese Memoriale oder Gedenkblätter den sich weiterschreibenden Roman. So heißt es von dem alten Frankfurter Schreiner, der dem bürgerlichen Kermani die Schreibplatte montiert, daß es ihn »nun wirklich gab, geben mußte, da er inzwischen tot ist. *Wirklich* sind in dem Roman, den ich schreibe, nur die Toten, alle anderen nur ›ideal‹, die Anführungszeichen deshalb, weil für Hölderlin nur das Ideale wirklich war. Wenn jemand stirbt, sagt der Romanschreiber ›ich‹«.

Daran hält der *Romanschreiber* Kermani bis heute fest; denn bei einer Preisverleihung vor einem Jahr trug er in seiner Dankesrede noch fünf Namen nach, die inzwischen aus dem Virtuellen in die Realität der Erinnerung übergewechselt waren. So setzt sich, was im Roman Fragment bleiben mußte, im Weiterschreiben des eigenen Lebens als Kontinuität unabsehbar fort: »Das Totenbuch, da es die Vollständigkeit versuchen muß, endet erst mit dem eigenen Tod.«

◇

Nicht für Adorno und die Frankfurter Schule, wie das bei seinen philosophischen Neigungen nahegelegen hätte, entschied sich Kermani, sondern für ein Studium, das seinem Leben und Denken in zwei Kulturkreisen Rechnung trug. Während er fabelhaft früh als fester Autor für das Feuilleton der Frankfurter Allgemeinen zu schreiben begann, studierte er zielgerichtet Islamwissenschaft im Rahmen des Fachs Orientalistik und promovierte 1998 in Bonn mit

»Gott ist schön. Das ästhetische Erleben des Koran«. Auf langen Wegen durch die zum Teil phantastischen Überlieferungen, aber auch in genauer Beobachtung der täglich sich erneuernden Rezeption des Koran und seiner Wirkung auf die Gläubigen, beweist er die scheinbar einfache, naheliegende These: »Die Lehre des *igaz*, [das meint den Wundercharakter der muslimischen Offenbarung] stellt den Koran als in formaler Hinsicht zu vorzüglich dar, um von einem Menschen erdichtet worden, als zu kunstvoll, um ein Kunstwerk, stilistisch zu originell, um erfunden, zu schön, um anders als durch göttliches Wirken erklärbar zu sein. Diese Argumentation, der bis heute wichtigste Pfeiler des Wunderbeweises, beruht wesenhaft auf ästhetischen Prämissen.«

Mit anderen Worten: die Sonderstellung des Koran unter den Heiligen Schriften aller monotheistischen Religionen besteht in der ästhetischen Vollkommenheit des Textes, die nur Allah zukommt. Moses als Verfasser des Pentateuch, die vier Evangelisten als Zeugen von Jesu Wirken auf Erden, der Visionär der Apokalypse – sie alle sind göttlich inspirierte Verkünder eines göttlichen Willens. Nur scheinbar gehört auch Mohammed, der von Allah berufene Prophet, in diese Reihe, weil er die hundertvierzehn Suren aufgeschrieben und damit verbindlich gemacht hat. Er ist jedoch nicht der *Verfasser* dieser über Menschenmaß hinausgehenden Vollkommenheit des Koran. Aber er ist das Sprachrohr, das Medium, durch das Gott zu den Menschen spricht. Darum ist die Herrlichkeit jedes Verses, tausendfach täglich von den Gläubigen wiederholt und auf ihr Leben angewendet, der vollkommenste Gottesbeweis.

In meiner Verkürzung auf den Grundgedanken kann man nicht ahnen, wie glanzvoll und in wie weit gespannten Bögen Kermani das Verhältnis des Propheten und seiner Inspiration zur Poesie, auch zur Dichtung und zur Ästhetik des Abendlands in Beziehung setzt, oder wie er im abschließenden Prosahymnus die Allmacht beschwört, die Allahs Suren, jedem Gläubigen so vertraut, bei ihrer rituellen Rezitation in der Moschee entfalten: »Niemand reagierte auf den Wohlklang der göttlichen Rede enthusiastischer, aber auch erschrockener als die Sufis, die Mystiker des Islams (...). Der Fromme, der vom Koran getroffen zu Boden sinkt, ist ein häufig wiederkehrendes Bild ihrer Schrift. Seine Gestalt auch in der Art des Verlöschens ein Vorbild.« Nichts verstörte Kermani bei der Rückkehr in das Kairo seiner Studentenjahre tiefer, als das Verschwinden der früher allgegenwärtigen Koran-Rezitationen, in denen jeder über die eigene, ganz unterschiedliche Wahrnehmung des göttlichen Worts in der Wahrheit der Gemeinde zusammenfinden konnte.

◇

Ganz dem Verhältnis von Dichtung und Gotteserfahrung war das zweite, 2005 veröffentlichte Werk des *Orientalisten* gewidmet: »Der Schrecken Gottes. Attar, Hiob und die metaphysische Revolte«, dem Vorsatz nach eine Monographie über das »Buch der Leiden« des Faridoddin Attar, einer der sieben klassischen Dichter Persiens, »wahrscheinlich eines der düstersten Werke der Weltliteratur überhaupt«. Denn Attars Dichtung greift die Frage Hiobs auf, warum Gott den Getreuen und Frommen so oft unermeßliches Leiden zumute. Kann der Allmächtige an seiner Gerechtigkeit Verrat üben? Goethe hat in der Teufelswette des Prologs im Himmel dieses Spiel des Schöpfers mit seinem Geschöpf wieder aufgegriffen und zum Rahmen seines »Faust«-Dramas gemacht; Kermani dagegen macht die existentielle Not dieser Frage, ganz ins Private zurückgenommen, am Leiden seiner frommen Tante sinnfällig, dem er so hilflos zuschauen muß wie Hiobs Berichterstatter.

Den unbegreiflichen Schrecken Gottes hatte er, wohl aus der gleichen Erfahrung und nach seiner Art der Verflechtung, schon am Schluß seines ersten Buchs thematisiert. Nun wiederholt er diese Frage, jetzt aber als Schüler und Dragoman des großen Dichters Attar. Wie Dante im Anfang der *Commedia* steht auch Attar im »Buch der Leiden« als *Wanderer des Denkens* an der Schwelle zu einer mystischen Seelenreise, auf der er in Gedanken und Träumen in entlegene Sphären des Weltalls vordringen will. Vierzig Tage der Koran-Meditation und des Gebets geben den Rahmen für diese der Entrückung des Propheten nachempfundene Pilgerschaft. Ein Pir oder Lehrmeister erklärt dem Jünger die geistigen Erlebnisse, sie seien erhebend oder erschreckend, so wie hundert Jahre später in der »Göttlichen Komödie« erst Vergil, dann die Jungfrau Maria die Stationen ausdeuten und zu Dante in Beziehung setzen. In endloser Reihe ziehen die Verfolgungen Gottes am Jenseitswanderer vorbei und werden gerechtfertigt, und in vielen Versen malt Attar das Paradox aus, wie beides zusammengeht, das Flehen zu Gott und die Anklage gegen Gott: »Wie die Geschöpfe im Angesicht ihrer Vernichtung sich liebend an Gott klammern, nicht *obwohl*, sondern *indem* sie ihn schuldig sprechen.«

◇

Die Schönheit und der Schrecken Gottes – in ihrem Zusammenhang entwerfen die beiden Werke ein weit über ihren wissenschaftlichen Rang hinauswirkendes Bild der islamischen Vorstellungswelt, zu der sich die Fülle der Aufsätze des heute zu Ehrenden, aber auch seine Reportagen aus den sich ständig verwandelnden Krisengebieten komplementär verhalten. *Westöstliche Erkundungen* nennt der *Reporter* Kermani einen umfangreichen Band seiner Essays. Unter dem ironisch gebrochenen Titel: »Ausnahmezustand. Reisen in eine beunruhigte Welt«, der Andauerndes episodisch erzählt, lassen sich alle diese Bücher zusammenfassen, in denen er den Veränderungen der politischen Situation im Orient, zunehmend aber auch dem praktizierten Verhältnis der drei monotheistischen Religionen nachspürt.

Immer überrascht er durch das unscheinbare, sprechende Indiz für einen sonst kaum faßbaren Sachverhalt, und an jeder Wendung spürt man die Teilnahme, die oft so hilflose Freundwilligkeit des Zeugen. Durch fünf Jahre getrennt, entwerfen die beiden Aufsätze über Afghanistan das zeitliche Panorama eines auf die Ewigkeit berechneten Untergangs. Was 2006 als trostlose Normalität einer in sich abgeschotteten Schutzmacht zu beschreiben war, ist 2011 im halb organisierten Chaos eines inzwischen vergessenen Konfliktherdes jedem Versuch der Erklärung von außen entzogen. Keine Chiffre könnte das Grauen eindringlicher Gestalt nehmen lassen als das sorgfältige, eingerichtete Zelt des im Alter jung gebliebenen Nur Agha, der vor zwanzig Jahren seine Frau und alle fünf Kinder bei einem Bombenangriff verloren hat und der jetzt, 81 Jahre alt, mit einem geschorenen Schaf und einem Radiorekorder auf dem Friedhof lebt. Keine Sentimentalität, wie immer bei Kermani, auch wenn er über die Grenzen des Berichtbaren hinausgeht! Doch wer seine Bücher kennt, spürt in diesem Genrebild der Ergebung die Nähe zu der unabschließbaren Reihe der Epitaphien in seinem Roman!

◇

In einer der Besprechungen seines jüngsten Werks »Ungläubiges Staunen. Über das Christentum« wird nachdenklich bis kritisch vermerkt, Kermanis Einbildungskraft entzünde sich vor allem an der Versinnlichung des religiösen Geschehens in der abendländischen Malerei, nicht an den Glaubensvorstellungen selbst. Was in der neueren Theologie an Exegese der Schriften, an Hinwendung zum Wort nicht nur im Protestantismus geleistet wurde, bleibe wie die moderne Kirchenkunst außerhalb seines Interesses. Inkarnation als Prinzip: so lasse sich das im Titel beschworene Verhältnis Kermanis zum Christentum charakterisieren. Aus »Dein Name« weiß man, wie sehr ihn während seines Rom-Aufenthalts 2008 die

Bilderwelt des Barock fasziniert hat, wie er in den Kirchen die Bild-schöpfungen der großen Bolognesen als Offenbarungen bestaun-te. In *San Luigi dei Francesi* muß er die »Berufung des Evangelisten Matthäus« von Caravaggio wie eine persönliche Herausforderung empfunden haben: »Es könnte jeder sein, jeder der vier Männer, die um den kleinen Tisch sitzen, und ebenso der Junge. Es könnte jetzt sein, wie Caravaggio lehrt, indem er [....] das biblische Perso-nal in Kleidung seiner eigenen, Caravaggios, Gegenwart hüllt.« Für den *Bildbetrachter* Kermani gilt der ausgestreckte Zeigefinger Jesu *dem* unter den Gesellen, der sich ganz hinter dem Geldzählen ver-schanzt und den weitergeleiteten Strahl der Berufung nicht wahr-zunehmen scheint. Noch hat die Berufung nicht stattgefunden. Noch hat der Augenblick keine Folgen. Die Alltäglichkeit herrscht, akribisch festgehalten, über das Außergewöhnliche. »Das würde bedeuten, das Wunder ist nicht der Auftritt des Erlösers; das Wun-der ist, daß einer es bemerkt – und, wenn ich mich nicht täusche, ausgerechnet derjenige, der den Erlöser nicht einmal beachtet. Fassungslos werden die Männer erst sein, wenn ihr Kollege von der nächsten auf die übernächste Sekunde seine Familie, seinen Beruf und seine Weltsicht aufgibt.«

So kann man nur vor Caravaggios Meisterwerken staunen, tief und unmittelbar betroffen vor einer ins Fremde abgerückten Re-alität. Nur in Caravaggios allgewaltiger und doch ans Elend der Welt gefesselter Phantasie konnte es wieder und wieder gelingen, den Schrecken und den Dreck des Gewohnten an die metaphysi-sche Entrückung zu binden: da bohrt der ungläubige Thomas mit dem Zeigefinger in der Wunde des Herrn, da wischt der Henker sein blutiges Schwert am Mantel des eben geköpften Täufers Jo-hannes ab. Es ist die Überrumpelung mehr noch als die Irritation, die Navid Kermanis religiöse Einbildungskraft weckt. »Ungläubi-ges Staunen«: im Doppelsinn des Wortes, das zugleich die höchs-te Steigerung und den grundsätzlichen Vorbehalt des Staunens ausdrückt, wird jede von Kermanis Bildbegegnungen zu Jakobs Kampf mit dem Engel. In der langen Reihe dieser Deutungen, die in drei Themenkreisen den Orbit des christlichen Heilsgeschehens ausschreiten und die vom spätantiken, legendenumwobenen Bildnis der Jungfrau Maria bis zu Gerhard Richters Kölner Domfenster reichen, nimmt das Kapitel über Paolo Dall'Oglio eine Sonderstellung ein. Hier wird kein Bild betrachtet, wohl aber eine gelebte Begegnung von Islam und Christentum, jenseits des von beiden Religionen und ihren Glaubensrichtungen verdammten Synkretismus. Die Nachfolge Jesu hat der Jesuitenpater so begriffen, »daß er sein Leben dem Islam widmete, den er vor vierzig Jahren am Horizont geschrieben sah. Ich wüßte nicht einmal, welcher Muslim die Botschaft des Korans überzeugender und glaubwürdiger verträte als er.« In seinem Kloster Mar Musa am Rande der syrischen Wüste flocht Pater Paolo, ohne die katholischen Rituale zu verwässern, nach und nach Elemente aus der sufischen Glaubenspraxis in den religiösen Alltag hinein. »So wurde Mar Musa ein Ort nicht nur des Gesprächs, sondern des gemeinsamen Lebens und Betens der Religionen: ›In der Liebe zum Islam, im Glauben an Jesus‹ wie Pater Paolo eines seiner Bücher genannt hat.« Diese Haltung stellt den inzwischen von der ISIS verschleppten und vielleicht getöteten Abt von Mar Musa an die Seite des in Algerien wirkenden Pater Christian de Cherge, der in seinem Testament noch leidenschaftlich für den gelebten christlich-islamischen Dialog eingetreten war.

Der letzte Satz des Kapitels bei Kermani heißt, geschrieben im Mai 2015: »Er lehrte uns Hoffnung in dieser, aber auch auf die andere Welt.« Enger können Skepsis und Weltvertrauen nicht zu einander kommen. Und in dieser Nähe erlebt Navid Kermani als religiös geprägter Denker, als engagierter Zeitgenosse und als Autor seines weiterzuschreibenden Romans das Christentum. Er erlebt es in seinen Bildwerken und in der Dichtung, aber jenseits von

Kirchentag und Kirchenjahr. Das neue Buch in Händen, staunend und zur Diskussion herausgefordert, warten wir in ungemütlicher Spannung auf die nächsten Kapitel in dem Roman, den Navid Kermani schreibt. Aber nicht nur er!

◇

Gestatten Sie mir noch einen Nachtrag: Im September 2008 war der *Berichterstatter* Kermani auf der italienischen, dem afrikanischen Kontinent vorgelagerten Insel Lampedusa, um über die von Schleppern auf Booten eingepferchten Flüchtlinge zu berichten. Er trifft dort auf den französischen Kapitän eines FRONTEX-Schiffes, das eigentlich dafür da ist, die Flüchtlinge von Europa abzuhalten, dem es aber während eines Sturms gelungen war, 65 Somalier zu retten. Befragt, wie er seine Haltung mit seiner Aufgabe in Einklang bringen könne, bricht es aus dem Kapitän heraus: »Wenn ich ein Holzboot mit 65 Menschen auf dem offenen Meer sehe, dann ist mir FRONTEX scheißegal, dann denke ich nicht an Immigration, an Papiere, an Zollbehörden. Dann rette ich sie verdammt noch mal.« Und Kermani kommentiert diesen Dialog mit dem Satz: »Ich bin sicher, daß der Kapitän genauso gehandelt hätte, auch ohne die Zustimmung seiner Einsatzleitung.« Menschenrecht ist auch Menschenpflicht.

Die Jury hat den Friedenspreis des Deutschen Buchhandels in einem Augenblick, da die Fluchtbewegung das Ausmaß einer Völkerwanderung erreicht hat, an Navid Kermani vergeben. Ich bin stolz und glücklich, daß ich ihm in unser aller Namen als erster gratulieren darf.

Norbert Miller

Faith in Words – Trust in Images.
Navid Kermani's Explorations
of West–Eastern Peace

As »The Novel I'm Writing« (»Der Roman, den ich schreibe«) headed towards its first and – how could it be any another way? – only temporary ending, the publisher of this gigantic tome was deeply moved and took recourse to a Bavarian figure of speech to express his admiration: Michael Krüger knew that the »meal« he had just ingested, which consisted of *very* different ingredients mixed together, seasoned and refined by the author at whim, would present itself to readers as »a real Knödel« – literally a boiled dumpling. Krüger did not refine his culinary interpretation any further than that. And, indeed, the aim of the author lies quite close to this prosaic description of his book, especially when Kermani refers to it – persistently, and with good reason – as a *novel*, a fiction, a play of imagination that reaches into the unknown and whose hero »is named Navid Kermani in some places.«

The author cites Thursday, June 8, 2006, 11:18 am as the beginning of a new phase in his life and simultaneously as the first sentence of the *novel to be written*. On Saturday, June 11, 2011, at 10:15 am, as he waits in vain in front of the closed doors of a Presbyterian church in Los Angeles, the author also knows that this *random* moment marks the instant in which there is irrevocably no space left in the book for addenda. And he underlines this with the meticulousness of an accountant: the present action is the writing present, and it contains everything that the real-fictitious author Kermani experiences, imagines and invents for his own purposes in these five years, including the crisis of his marriage, the separation from his children as well as his confrontation with political events and his travels to conflict areas in the Near and Far East.

They are just as inherent to the plot structure of this open-ended novel as the reading of Adorno – sometimes even Heidegger – and the discoveries that our author-reader and Persian poetry connoisseur makes in Hölderlin's verse and in the novels of Jean Paul – that lone Levantine lead in German lyrical poetry.

All of this flows into the vast river of narration: for example, many of the reportages of his trips to a troubled world that emerged concurrently between 2006 and 2009, feed into chapters in the novel. In contrast, in 2008 – a year that was so important for his literary development – in the Romanic-style Villa Massimo, a couple of the artistic awakenings he experienced at the foot of Caravaggio's baroque altar images managed to loosen themselves from the bonds of the diary-novel and were published on their own. The reflections on Hölderlin and Jean Paul ultimately formed the basis of his Frankfurt Lectures on Poetics. These reflections preceded the publication of the novel; indeed, when they were published one year after the book, the title under which they were published revealed them to be part of the ongoing project: »Jean Paul, Hölderlin und der Roman, den ich schreibe« (»Jean Paul, Hölderlin and the Novel I'm Writing«). At this moment in time, however, the novel already bore the new and unloved title »Dein Name« (»Your Name«). This act of clinging to the process of writing as the concept of life embodied by the author Kermani – working against finiteness – also comprises in itself all future utterances. They are all, to this day, part of a *roman à faire*.

◇

The dominant figure lurking behind the ever-present bars forged by these family tragedies is the grandfather. As a bank director from Isfahan who trusted in the idea of bourgeois advancement – and, as the head of a family rooted deeply in age-old Islamic traditions – this man has a tremendous influence on the thoughts and memory of his grandson. How was it possible, as a deeply devout Muslim, to be a vocal champion of the British constitution and education system? And, from his social position, how was it possible to maintain a balance of progress and tradition – of enlightenment and certainty in one's faith – without gradually assimilating with the West?

When reflecting on cultural and political catastrophes, Kermani always comes back to the lived utopia of this patriarch, to his hope of finding a sustainable and common new beginning for two religions born of the same soil. The unassuming notebooks – which went unnoticed by the family and in which the grandfather recorded his thoughts and memories – became an obligation for the grandson; indeed, they became a kind of preliminary draft for the book that was *to be written*. The grandfather's era – one the grandson knows only from these notes and from stories, and perhaps also from the grandfather's writing style – also shape his perception when he turns his gaze not to the early, comparably intact world of Iran, but to the distorted present day. Much of the grandfather's optimism that grace will conquer any hopeless situation seems to have rubbed off on this rather more skeptical chronicler, except he speaks of chance. He is convinced that only a mutually held belief in the common core of two religions so abruptly divorced can afford our modern society the chance of a new beginning. In this, too, the author takes conscious recourse to the grandfather. And so, at the first Frankfurt Lectures on Poetics on May 11, 2010, the huge book was still titled »Das Leben seines Großvaters« (»The Life of His Grandfather«), even though the grandfather appears as an active character only relatively late in the work.

Ultimately, and above all, the novel is »at its core, a ›book of the dead.‹ It commemorates the people in my life who die. I doubt whether the dead need someone to preserve their name. While writing my book, I learned that it is *we* who need them, that something in us dies when we don't invoke them: the life that we shared with them.« Much like in the novels of Jean Paul and other authors he admired, the shadows of those who were close to him and then departed while he was still writing move past him in long rows. And they do so with ominous frequency: Istvàn Eörsi, the actress Claudia Fenner, the Islamic scholar Friedrich Niewöhner, to whom he was close thanks to the generosity that informed even their disputes, the uncle Djavad Ketabi and the composer György Sandor Ligeti, whom he admired at the Wissenschaftskolleg in Berlin. At irregular intervals, these memorials and commemorative pages accompany the novel that continues to write itself, further expanding the perspectives. For example, the old Frankfurt carpenter who installs a desk for the bourgeois Kermani insists that »he really did exist; he has to have existed, seeing as he's dead now. In the novel that I'm writing, only the dead are *real*; all of the others are only ›ideal,‹ which I put in quotation marks because Hölderlin saw the ideal as the only thing that was real. When somebody dies, the author of the novel says ›I.‹«

The *novelist* Kermani continues to hold fast to this today. Indeed, in an acceptance speech at an awards ceremony last year, he mentioned five names; names that have now moved out of the virtual realm into the reality of memory. In this way, that which had to remain a fragment in the novel now clearly forms a thread of continuity in the writing of his own life: »Because it must attempt to be complete, the book of the dead only ends with one's own death.«

◇

Kermani did not decide in favor of Adorno and the Frankfurt School, which would have been fitting considering his philosophical tendencies; instead, he chose a course of studies that would do justice to his life and thought in two cultural circles. While he began writing at a remarkably early age for the Feuilleton section of the Frankfurter Allgemeine Zeitung, he pursued Islamic Studies in the field of Middle Eastern Studies and received his doctorate in 1998 in Bonn with his work »Gott ist schön. Das ästhetische Erleben des Quran« (»God is Beautiful: The Aesthetic Experience of the Quran«). Treading lengthy paths through often fantastical traditions but also engaging in a precise examination of the Quran's reception – one that is renewed daily – and its effect on the faithful, he proves a seemingly simple, obvious thesis: »The Quran presents the doctrine of the *igaz*, [the miraculous character of the Muslim revelation] as being formally too excellent to have been written by a man, too artistic to be a work of art, stylistically too original to be an invention, and too beautiful to be explained by anything other than the work of the divine. This line of reasoning, which continues to this day to be the most important pillar of the proof of the miracle, relies intrinsically on aesthetic premises.«

In other words, the special position of the Quran among the holy scriptures of all monotheistic religions is ascribed to the aesthetic perfection of the text – one that can only be attributed to Allah. Moses as the author of the Pentateuch, the four Evangelists as witnesses of Jesus' work on earth, the visionary of the apocalypse – these are all divinely inspired announcers of divine will. Mohammed – the prophet called upon by Allah – only seemingly belongs in this series, for he wrote down the one-hundred-and-fourteen Surah and thus made them binding. However, he is not the *author* of the perfection of the Quran, which is a perfection that goes beyond man. Instead, Mohammed is the voice, the medium through which God speaks to the people. This is why the glory of each verse – lived out and repeated thousands of times every day by the faithful – is the most perfect proof of the existence of God.

Unfortunately, my synopsis of Kermani's basic idea leaves out how brilliantly and with what broadly drawn arches he places the relationship of the Prophet and his inspiration to poetry, but also to the literature and the aesthetics of the West. Nor does it reflect how expertly he, in the concluding prose hymn, evokes the omnipotence of Allah's Surahs, which are known intimately by each believer, and which unfold in their ritual recitation in the Mosque: »No one responded with more enthusiasm – and yet also with more fear – to the euphony of the divine speech than the Sufis, the mystics of Islam (...). A recurring image in its lines is the pious man who sinks down, overwhelmed by the Quran. His figure is a role model, even in the manner of his extinguishing.« Nothing disturbed Kermani more, when he returned to the Cairo of his student years, than the disappearance of the previously ubiquitous Quran recitations, in which each person was able to come together in the truth of the community via their own very different perception of the divine word.

◇

The second work of this *Orientalist*, published in 2005, was entirely devoted to the relationship between literature and the experience of God: »Der Schrecken Gottes. Attar, Hiob und die metaphysische Revolte« (»The Terror of God: Attar, Job and the Metaphysical Revolt«), with the intent of creating a monograph about a work written by Faridoddin Attar, one of the seven classical poets of Persia, called »Buch der Leiden« (»Book of Sufferings«), which is »probably one of the darkest works ever in world literature.« Indeed, Attar's poetry takes up the question posed by Job as to why God so often subjects the faithful and the pious to immeasurable suffering. Can the Almighty betray his own righteousness? Goethe took up this theme – the game played by the Creator with his creations – in the wager with the devil in the prologue in heaven and used it as the framework of his »Faust.« Kermani, on the other hand, depicts the existential distress of this question – which he brings back entirely into the private realm – in the form of the suffering of his pious aunt, whose pain he must watch helplessly, much like Job's reporter.

Kermani had already thematized the incomprehensible horror of God at the end of his first book, most likely based on the same experience and using his usual approach of interdependence. Here he repeats the question, this time as a student and dragoman of the great poet Attar. Much like Dante at the beginning of the *Commedia*, Attar, too, stands in the »Book of Sufferings« as a *thought wanderer* at the precipice of a mystical journey of the soul upon which he seeks to penetrate remote realms of the universe in thoughts and dreams. Forty days of Quran meditation and prayer provide the framework for this pilgrimage inspired by the rapture of the Prophet. A Pir or tutor explains the spiritual experiences to the disciple, be they uplifting or frightening, much like one hundred years later, in the »Divine Comedy,« first Vergil and then the Virgin Mary would interpret the stations and relate them to Dante. The persecutions of God as well as their inherent justification pass by the hereafter-journeyman in a seemingly endless series and in many verses, and Attar illustrates the paradox of how it is possible that the two – the supplication to God and the accusation against him – could fit together: »See how the creatures, in the face of their destruction, cling lovingly to God, not *in spite of*, but rather *because* they pronounce him guilty.«

◇

The beauty and the horror of God: the connection of the two works creates an image whose relevance extends far beyond academia; an image of an Islamic conceptual world that is enhanced by the wealth of the essays and war reporting issued by the man we are honoring today. *Westöstliche Erkundungen (West-Easter Inquiries)* is the name the *reporter* Kermani gives to a comprehensive volume of his essays. In a work that carries the ironically fragmented title

»Ausnahmezustand. Reisen in eine beunruhigte Welt« (»State of Emergency. Travels in a Troubled World«), individual episodes are used to depict a situation that is ongoing. It is under this title that we can summarize all of the books in which he traces the changes taking place in the political situation in the Middle East and increasingly also the practiced relationship between the three monotheistic religions.

Kermani always surprises us by providing inconspicuous, spoken clues to elucidate circumstances that would otherwise be hard to understand. And at every turn, we feel the involvement of the witness, his often helpless willingness to be a friend. Separated by five years, Kermani's two essays on Afghanistan create the temporal panorama of a downfall calculated for eternity. In 2011, what could have been described in 2006 as the grim normality of an isolated protective power has moved beyond any attempt to decipher it from outside and become the half-organized chaos of a long-since forgotten conflict. No cipher could depict the gruesomeness more powerfully than the carefully furnished tent of Nur Agha – young even in his old age – who lost his wife and all five kids twenty years ago in a bombing and now, at the age of 81, lives in a cemetery with a shorn sheep and a radio recorder. There is no sentimentality here, as is always the case with Kermani, even though he goes beyond the borders of what is reportable! And yet, anyone who has read his books senses in this scene of devotion the proximity to the interminable series of epitaphs in this novel!

◇

In an appraisal of his most recent work »Ungläubiges Staunen. Über das Christentum« (»Incredulous Wonder. On Christianity«) – an appraisal that ranged from thought-provoking to critical – it was noted that Kermani's imagination is set on fire most of all by the sensuous rendering of religious events in Western painting, rather than in the beliefs themselves. Anything that was achieved in recent theology in terms of the exegesis of writings or the turn towards the written word that took place in Protestantism and others – all of this remains outside his sphere of interest, as does modern church art. Incarnation as a principle: this is how we can characterize Kermani's relationship to Christianity evoked by the title. From »Dein Name,« we know how much he was fascinated by the Baroque pictorial world during his stay in Rome in 2008; we know how he stood in amazement in the churches, avowing the creations of the grand Bolognese veritable revelations. In *San Luigi dei Francesi*, it is likely that he experienced Caravaggio's »The Calling of St. Matthew« as a personal challenge: »It could be any one them, any of the four men sitting around the table, and the boy, too. It could be taking place now, as Caravaggio shows us by [....] dressing the biblical figures in the garments of his own, Caravaggio's, era.« For Kermani the spectator, Jesus' outstretched index finger is referring *to that one* among the men sitting at the table, the one who takes cover in the act of counting money, the one who appears to have not yet noticed the outstretched beam of light. Indeed, the calling appears to have not yet taken place. The moment as yet is without consequence. The quotidian, though meticulously recorded, still prevails over the extraordinary. »This would have to mean that the miracle is not the appearance of the redeemer; the miracle is that somebody notices it – and, if I am not mistaken, it is about to happen to precisely the person who doesn't even notice the Savior. The men will only be stunned when their colleague gives up his family, his profession and his view of the world from one second to the next.«

Indeed, we can only marvel at Caravaggio's masterpieces; we have no choice but to be deeply and directly affected by a reality that has moved into the unknown. Only in Caravaggio's omnipotent imagination, still tied to the misery of the world, was it possible to successfully and repeatedly link the horror and the muck of our everyday lives to metaphysical rapture: Thomas the non-believer sticks his index finger into Jesus' wound, the executioner wipes his bloody sword on the coat of John the Baptist, whom he has just beheaded. It is surprise more than irritation that sparks Navid Kermani's religious imagination. A wonder both incredulous and incredible characterizes each of Kermani's image encounters with Jacob's battle with the angel; simultaneously the utmost heightening and the fundamental restriction of wonder. In the long series of these interpretations, which uses three thematic circles to chart the orbit of salvation in Christianity – and which ranges from the legendary Late Antique image of the Virgin Mary to Gerhard Richter's Cologne Cathedral window – the chapter about Paolo Dall'Oglio takes up a special place. In this case, it is not an image that is being observed; instead, it is a lived encounter of Islam and Christianity, beyond the syncretism dammed by both religions and their beliefs. To this Jesuit priest, the ideal of the Imitation of Christ meant that »he would devote his life to Islam, which he had seen on the horizon forty years prior. I don't know a Muslim who could communicate the message of the Quran more convincingly and believably than he.« In the Mar Musa monastery at the edge of the Syrian desert, Pater Paolo weaves elements bit by bit from Sufi religious practice into everyday religious life – however without diluting Catholic rituals. »Mar Musa thus became a site not only of discussion among the religions, but also one of shared living and praying: or, as Pater Paolo called one of his books, *Out of Love for Islam, With Faith in Jesus*.«

The final sentence of Kermani's chapter, written in May 2015, is the following: »He taught us hope in this world, but also hope for another world.« It is not possible for skepticism and trust in the world to come any closer to one another than this. It is in light of this proximity that Navid Kermani experiences Christianity: as a distinctly religious thinker, as an engaged contemporary and as an author of a novel that is *to be written*. He experiences Christianity in his images and in literature; but he does so beyond the liturgical calendar. With the new book in hand, in amazement and inspired to dialogue, we wait with an uncomfortable tension for the next chapter in the novel that Navid Kermani is writing. But not just the one he is writing, others too!

◇

Permit me one addendum: In September 2008, the *reporter* Kermani travelled to the Island of Lampedusa off the coast of Italy and the African continent to report about the refugees packed onto boats by human smugglers. There he met the French captain of a FRONTEX ship whose function was actually to keep refugees *away* from Europe. He was, however, able to save 65 Somalis cast adrift in a storm. When asked how he could possibly reconcile his behavior with the obligations of his job, the captain exclaimed: »When I see a wooden boat with 65 people in it on the open sea, I don't give a shit about FRONTEX. I don't think about immigration, IDs or customs officers. I save them, damn it.« And Kermani comments on this dialogue with the following: »I'm sure that the captain would have behaved the same a way even without the approval of his superiors.« Human rights are a human obligation.

And today, the jury is bestowing the Peace Prize of the German Book Trade to Navid Kermani at a moment where the intensity of the refugee movement has reached that of a mass migration. I am proud and happy to be the first one to congratulate him on behalf of all of us today.

Translated into English by The Hagedorn Group.

Navid Kermani

Über die Grenzen – Jacques Mourad und die Liebe in Syrien

An dem Tag, als mich die Nachricht vom Friedenspreis des Deutschen Buchhandels erreichte, am selben Tag wurde in Syrien Jacques Mourad entführt. Zwei bewaffnete Männer traten in das Kloster Mar Elian am Rande der Kleinstadt Qaryatein und verlangten nach Pater Jacques. Sie fanden ihn wohl in seinem kargen kleinen Büro, das zugleich sein Wohnzimmer und sein Schlafzimmer ist, packten ihn und nahmen ihn mit. Am 21. Mai 2015 wurde Jacques Mourad eine Geisel des sogenannten »Islamischen Staats«.

Ich habe Pater Jacques im Herbst 2012 kennengelernt, als ich für eine Reportage durch das bereits kriegsgeschüttelte Syrien reiste. Er betreute die katholische Gemeinde von Qaryatein und gehörte zugleich dem Orden von Mar Musa an, der sich Anfang der achtziger Jahre in einem verfallenen frühchristlichen Kloster gegründet hat. Das ist eine besondere, eine wohl einzigartige christliche Gemeinschaft, denn sie hat sich der Begegnung mit dem Islam und der Liebe zu den Muslimen verschrieben. So gewissenhaft die Nonnen und Mönche die Gebote und Rituale ihrer eigenen, katholischen Kirche befolgen, so ernsthaft beschäftigen sie sich mit dem Islam und nehmen bis hin zum Ramadan teil an der muslimischen Tradition. Das klingt verrückt, ja, aberwitzig: Christen, die sich nach ihren eigenen Worten in den Islam verliebt haben. Und doch war diese christlich-muslimische Liebe noch vor kurzem Wirklichkeit in Syrien und ist es in den Herzen vieler Syrer noch immer. Mit ihrer Hände Arbeit, ihrer Herzen Güte und ihrer Seelen Gebete schufen die Nonnen und Mönche von Mar Musa einen Ort, der mir utopisch anmutete und für sie selbst nichts Geringeres als die endzeitliche Versöhnung – sie würden nicht sagen: vorwegnahm, aber doch vorausfühlte, die kommende Versöhnung voraussetzte: ein Steinkloster aus dem siebten Jahrhundert mitten in der überwältigenden Einsamkeit des syrischen Wüstengebirges, das von Christen aus aller Welt besucht wurde, an dem jedoch zahlreicher noch Tag für Tag Dutzende, Hunderte arabische Muslime anklopften, um ihren christlichen Geschwistern zu begegnen, um mit ihnen zu reden, zu singen, zu schweigen und auch, um in einer bilderlosen Ecke der Kirche nach ihrem eigenen, islamischen Ritus zu beten.

Als ich Pater Jacques 2012 besuchte, war der Gründer der Gemeinschaft, der italienische Jesuit Paolo Dall'Oglio, kurz zuvor des Landes verwiesen worden. Zu laut hatte Pater Paolo die Regierung Assad kritisiert, die den Ruf des syrischen Volkes nach Freiheit und Demokratie, der neun Monate lang friedlich geblieben war, mit Verhaftungen und Folter beantwortete, mit Knüppeln und Sturmgewehren und schließlich auch mit ungeheuren Massakern und sogar Giftgas, bis das Land schließlich im Bürgerkrieg versank. Aber Pater Paolo hatte sich auch gegen die Führung der syrischen Amtskirchen gestellt, die zu der Gewalt der Regierung schwiegen. Vergeblich hatte er in Europa um Unterstützung für die syrische Demokratiebewegung geworben, vergeblich die Vereinten Nationen aufgefordert, eine Flugverbotszone einzurichten oder wenigstens Beobachter zu schicken. Vergeblich hatte er vor einem Krieg der Konfessionen gewarnt, wenn die säkularen und gemäßigten Gruppen im Stich gelassen und aus dem Ausland ausschließlich die Dschihadisten unterstützt würden. Vergeblich hatte er die Mauer unserer Apathie zu durchbrechen versucht. Im Sommer 2013 kehrte der Gründer der Gemeinschaft von Mar Musa noch einmal heimlich nach Syrien zurück, um sich für einige muslimische Freunde einzusetzen, die in den Händen des »Islamischen Staat« waren, und wurde selbst vom »Islamischen Staat« entführt. Seit dem 28. Juli 2013 fehlt von Pater Paolo Dall'Oglio jede Spur.

Pater Jacques, der nun allein die Verantwortung für das Kloster Mar Elian trug, ist seinem Wesen nach ein ganz anderer Mensch, kein begnadeter Redner, kein Charismatiker, kein temperamentvoller Italiener, sondern wie so viele Syrer, die ich kennenlernte, ein stolzer, bedächtiger, äußerst höflicher Mann, recht hochgewachsen, ein breites Gesicht, die kurzen Haare noch schwarz. Natürlich habe ich ihn nicht gut kennengelernt, nahm an der Messe teil, die wie in allen östlichen Kirchen aus berückend schönem Gesang bestand, und beobachtete, wie zugewandt er beim anschließenden Mittagessen mit den Gläubigen und örtlichen Honoratioren plauderte. Als alle Gäste verabschiedet waren, nahm er mich für eine halbe Stunde mit in sein winziges Zimmer und rückte für das Interview einen Stuhl neben das schmale Bett, auf dem er selbst Platz nahm.

Nicht nur seine Worte erstaunten mich – wie furchtlos er die Regierung kritisierte, wie offen er auch über die Verhärtung in der eigenen, christlichen Gemeinde sprach. Tiefer noch hat sich mir seine Erscheinung eingeprägt: ein stiller, sehr gewissenhafter, in sich gekehrter, auch asketischer Diener Gottes, so nahm ich ihn wahr, der aber nun, da ihm Gott die Seelsorge der bedrängten Christen in Qaryatein und die Führung der klösterlichen Gemeinschaft auferlegt hatte, auch diese öffentliche Aufgabe mit all seiner Kraft ausübte. Er sprach leise und so langsam, die Augen meist geschlossen, als würde er bewusst den Puls verlangsamen und das Interview als Atempause zwischen zwei anstrengenderen Verpflichtungen nutzen. Zugleich sprach er sehr überlegt, in druckreifen Sätzen, und was er sagte, war von einer Klarheit und auch politischen Schärfe, dass ich immer wieder nachfragte, ob es nicht zu gefährlich sei, ihn wörtlich zu zitieren. Dann öffnete er die warmen, dunklen Augen und nickte müde, ja, das könne ich alles drucken, sonst hätte er es doch nicht gesagt; die Welt müsse erfahren, was in Syrien geschieht.

Diese Müdigkeit, das war auch ein starker, vielleicht mein stärkster Eindruck von Pater Jacques – es war die Müdigkeit eines Menschen, der mehr als nur eingesehen, nämlich bejaht hatte, dass es Erholung vielleicht erst im nächsten Leben gibt, die Müdigkeit eines Arztes und Feuerwehrmannes auch, der sich seine Kräfte einteilt, wenn die Not überhandnimmt. Und ein Arzt und Feuerwehrmann war Pater Jacques als Priester inmitten des Krieges ja auch, nicht nur für die Seelen der Verängstigten, ebenso für die Leiber der Bedürftigen, denen er in seiner Kirche ungeachtet ihres Glaubens Essen, Schutz, Kleidung, Wohnstatt und vor allem Zuwendung bot. Viele hundert, wenn nicht Tausende von Flüchtlingen hat die Gemeinschaft von Mar Musa bis zuletzt in ihrem Kloster beherbergt und versorgt, die allermeisten von ihnen Muslime. Und nicht nur das – Pater Jacques gelang es, wenigstens in Qaryatein den Frieden, auch den konfessionellen Frieden, zu bewahren. Maßgeblich ihm ist es zu verdanken, dem stillen, ernsten Pater Jacques, dass sich die verschiedenen Gruppen und Milizen, manche regierungsnah, manche oppositionell, darauf einigten, aus dem Städtchen alle schweren Waffen zu verbannen. Und ihm gelang es, dem kirchenkritischen Priester, fast alle Christen seiner Gemeinde zum Bleiben zu bewegen. »Wir Christen gehören zu diesem Land, auch wenn das die Fundamentalisten weder bei uns noch in Europa gern hören«, sagte Pater Jacques mir: »Die arabische Kultur ist unsere Kultur!«

Bitter stießen ihm die Aufrufe mancher westlicher Politiker auf, gezielt arabische Christen aufzunehmen. Derselbe Westen, der sich nicht um die Millionen Syrer schere, die quer durch alle Konfessionen friedlich für Demokratie und Menschenrechte demonstrierten, derselbe Westen, der den Irak zugrunde gerichtet und Assad sein Giftgas geliefert habe, derselbe Westen, der mit Saudi-Arabien im Bunde stehe und damit dem Hauptsponsor des Dschihadismus – dieser gleiche Westen sorge sich nun um die arabischen Christen? Da könne er nur lachen, sagte Pater Jacques, ohne eine Miene zu verziehen. Und fuhr mit geschlossenen Augen fort: »Diese Politiker befördern mit ihren unverantwortlichen Äußerungen genau jenen Konfessionalismus, der uns Christen bedroht.«

Immer größer wurde die Verantwortung, die Pater Jacques so klaglos wie immer trug. Die ausländischen Mitglieder der Gemeinschaft mussten Syrien verlassen und fanden Zuflucht im Nordirak. Zurück blieben nur die sieben syrischen Mönche und Nonnen, die sich auf die beiden Klöster Mar Musa und Mar Elian verteilten. Ständig verschoben sich die Fronten, so dass in Qaryatein mal der Staat, mal oppositionelle Milizen herrschten. Mit beiden Seiten mussten sich die Mönche und Nonnen arrangieren und dazu wie alle Bewohner die Luftangriffe überleben, wenn die Kleinstadt gerade in den Händen der Opposition war. Dann aber drang der »Islamische Staat« immer weiter ins syrische Kerngebiet vor. »Die Bedrohung durch den IS, dieser Sekte von Terroristen, die ein fürchterliches Bild des Islams abgeben, ist in unserer Gegend angekommen«, schrieb Pater Jacques wenige Tage vor seiner Entführung an eine französische Freundin. Und weiter: »Es ist schwierig zu entscheiden, was wir tun sollen. Sollen wir unsere Häuser verlassen? Das fällt uns schwer. Einzusehen, dass wir verlassen sind, ist fürchterlich – verlassen zumal von der christlichen Welt, die beschlossen hat, auf Distanz zu gehen, um die Gefahr von sich fern zu halten. Wir bedeuten ihnen nichts.«

Allein in diesen wenigen Zeilen einer bloßen, sicher eilig geschriebenen Mail fallen zwei Formulierungen auf, die charakteristisch sind für Pater Jacques und zugleich ein Maßstab für jede Intellektualität. In dem ersten Satz heißt es: »Die Bedrohung durch den IS, dieser Sekte von Terroristen, die ein fürchterliches Bild des Islams abgeben ...« Der andere Satz, über die christliche Welt: »Wir bedeuten ihnen nichts.« Er verteidigte die fremde Gemeinschaft und kritisierte die eigene. Als die Gruppe, die sich auf den Islam beruft und vorgibt, das Gesetz des Korans anzuwenden, ihn und seine Gemeinde bereits unmittelbar physisch bedrohte, wenige Tage vor seiner eigenen Entführung, betonte Pater Jacques noch, dass diese Terroristen das wahre Gesicht des Islams entstellten. Ich würde jedem Muslim widersprechen, dem angesichts des »Islamischen Staates« nur die Floskel einfällt, dass die Gewalt nichts mit dem Islam zu tun habe. Aber ein Christ, ein christlicher Priester, der damit rechnen muss, von Andersgläubigen vertrieben, gedemütigt, verschleppt oder getötet zu werden, und dennoch darauf beharrt, diesen anderen Glauben zu rechtfertigen – ein solcher Gottesdiener legt eine Größe an den Tag, die ich sonst nur aus den Viten der Heiligen kenne.

Jemand wie ich kann den Islam nicht auf diese Weise verteidigen. Er darf es nicht. Die Liebe zum Eigenen – zur eigenen Kultur wie zum eigenen Land und genauso zur eigenen Person – erweist sich in der Selbstkritik. Die Liebe zum anderen – zu einer anderen Person, einer anderen Kultur und selbst zu einer anderen Religion – kann viel schwärmerischer, sie kann vorbehaltlos sein. Richtig, die Liebe zum anderen setzt die Liebe zu sich selbst voraus. Aber verliebt, wie es Pater Paolo und Pater Jacques in den Islam sind, verliebt kann man nur in den anderen sein. Die Selbstliebe hingegen muss, damit sie nicht der Gefahr des Narzissmus, des Selbstlobs, der Selbstgefälligkeit unterliegt, eine hadernde, zweifelnde, stets fragende sein. Wie sehr gilt das für den Islam heute! Wer als Muslim nicht mit ihm hadert, nicht an ihm zweifelt, nicht ihn kritisch befragt, der liebt den Islam nicht.

◇

Es sind nicht nur die schrecklichen Nachrichten und noch schrecklicheren Bilder aus Syrien und dem Irak, wo der Koran noch bei jeder Schweinetat hochgehalten und bei jeder Enthauptung »Allahu akbar« gerufen wird. Auch in so vielen anderen, wenn nicht den meisten Ländern der muslimischen Welt berufen sich staatliche Autoritäten, staatsnahe Institutionen, theologische Schulen oder aufständische Gruppen auf den Islam, wenn sie das eigene Volk unterdrücken, Frauen benachteiligen, Andersdenkende, Andersgläubige, anders Lebende verfolgen, vertreiben, massakrieren. Unter Berufung auf den Islam werden in Afghanistan Frauen gesteinigt, in Pakistan ganze Schulklassen ermordet, in Nigeria Hunderte Mädchen versklavt, in Libyen Christen geköpft, in Bangladesch Blogger erschossen, in Somalia Bomben auf Marktplätzen gezündet, in Mali Sufis und Musiker umgebracht, in Saudi-Arabien Regimekritiker gekreuzigt, in Iran die bedeutendsten Werke der Gegenwartsliteratur verboten, in Bahrein Schiiten unterdrückt, im Jemen Sunniten und Schiiten aufeinander gehetzt.

Gewiss lehnen die allermeisten Muslime Terror, Gewalt und Unterdrückung ab. Das ist nicht nur eine Floskel, sondern das habe ich auf meinen Reisen genau so erlebt: Wem die Freiheit keine Selbstverständlichkeit ist, der ermisst erst recht ihren Wert. Alle Massenaufstände der letzten Jahre in der islamischen Welt waren Aufstände für Demokratie und Menschenrechte, nicht nur die versuchten, wenn auch meist gescheiterten Revolutionen in fast allen arabischen Ländern, ebenso die Protestbewegungen in der Türkei, in Iran, in Pakistan und nicht zuletzt der Aufstand an den Wahlurnen der letzten indonesischen Präsidentschaftswahl. Ebenso zeigen die Flüchtlingsströme an, wo sich viele Muslime ein besseres Leben erhoffen als in ihrer Heimat: jedenfalls nicht in religiösen Diktaturen. Auch die Berichte, die uns aus Mossul oder Rakka selbst erreichen, künden nicht von Begeisterung, sondern von Panik und Verzweiflung der Bevölkerung. Alle maßgeblichen theologischen Autoritäten der islamischen Welt haben den Anspruch des IS verworfen, für den Islam zu sprechen, und im Detail herausgearbeitet, inwiefern dessen Praxis und Ideologie dem Koran und den Grundlehren der islamischen Theologie widersprechen.

Und vergessen wir nicht, dass es an vorderster Front Muslime selbst sind, die gegen den »Islamischen Staat« kämpfen, Kurden, Schiiten, auch sunnitische Stämme und die Angehörigen der irakischen Armee.

Das muss man alles sagen, will man nicht dem Trugbild aufsitzen, das Islamisten und Islamkritiker wortgleich entwerfen: Dass der Islam einen Krieg gegen den Westen führt. Eher führt der Islam einen Krieg gegen sich selbst, will sagen: wird die islamische Welt von einer inneren Auseinandersetzung erschüttert, deren Auswirkungen auf die politische und ethnische Kartographie an die Verwerfungen des Ersten Weltkriegs heranreichen dürften. Den multiethnischen, multireligiösen und multikulturellen Orient, den ich in seinen großartigen literarischen Zeugnissen aus dem Mittelalter studiert und während langer Aufenthalte in Kairo und Beirut, als Kind während der Sommerferien in Isfahan und als Berichterstatter im Kloster von Mar Musa als eine zwar bedrohte, niemals heile, aber doch quicklebendige Wirklichkeit lieben gelernt habe, diesen Orient wird es so wenig mehr geben wie die Welt von gestern, auf die Stefan Zweig in den Zwanzigerjahren voller Wehmut und Trauer zurückblickte.

Was ist geschehen? Der »Islamische Staat« hat nicht erst heute begonnen und auch nicht erst mit den Bürgerkriegen im Irak und in Syrien. Seine Methoden mögen auf Ablehnung stoßen, aber seine Ideologie ist der Wahhabismus, der heute bis in die hintersten Winkel der islamischen Welt wirkt und als Salafismus gerade auch für Jugendliche in Europa attraktiv geworden ist. Wenn man weiß, dass die Schulbücher und Lehrpläne im »Islamischen Staat« zu 95 Prozent identisch mit den Schulbüchern und Lehrplänen Saudi-Arabiens sind, dann weiß man auch, dass die Welt nicht nur im Irak und in Syrien strikt in verboten und erlaubt eingeteilt wird – und die Menschheit in gläubig und ungläubig. Gesponsert mit Milliardenbeträgen aus dem Öl, hat sich über Jahrzehnte in Moscheen, in

Büchern, im Fernsehen ein Denken ausgebreitet, das ausnahmslos alle Andersgläubigen zu Ketzern erklärt, beschimpft, terrorisiert, verächtlich macht und beleidigt. Wenn man andere Menschen systematisch, Tag für Tag, öffentlich herabsetzt, ist es nur folgerichtig – wie gut kennen wir das aus unserer eigenen, der deutschen Geschichte –, daß man schließlich auch ihr Leben für unwert erklärt. Dass ein solcher religiöser Faschismus überhaupt denkmöglich wurde, dass der IS so viele Kämpfer und noch mehr Sympathisanten finden, dass er ganze Länder überrennen und Millionenstädte weitgehend kampflos einnehmen konnte, das ist nicht der Beginn, sondern der vorläufige Endpunkt eines langen Niedergangs, eines Niedergangs auch und gerade des religiösen Denkens.

◇

Ich habe 1988 angefangen, Orientalistik zu studieren, meine Themen waren der Koran und die Poesie. Ich glaube, jeder, der dieses Fach in seiner klassischen Ausprägung studiert, gelangt an den Punkt, an dem er die Vergangenheit und die Gegenwart nicht mehr zusammenbringen kann. Und er wird hoffnungslos, hoffnungslos sentimental. Natürlich war die Vergangenheit nicht einfach nur friedlich und kunterbunt. Aber als Philologe hatte ich vor allem mit den Schriften der Mystiker, der Philosophen, der Rhetoriker und ebenso der Theologen zu tun. Und ich, nein: wir Studenten konnten und können nur staunen über die Originalität, die geistige Weite, die ästhetische Kraft und auch humane Größe, die uns in der Spiritualität Ibn Arabis, der Poesie Rumis, der Geschichtsschreibung Ibn Khalduns, der poetischen Theologie Abdulqaher al-Dschurdschanis, der Philosophie des Averroes, den Reisebeschreibungen Ibn Battutas und noch in den Geschichten von Tausendundeiner Nacht begegnen, die weltlich sind, ja, weltlich und erotisch und übrigens auch feministisch und zugleich auf jeder Seite durchdrungen vom Geist und den Versen des Korans.

Das waren keine Zeitungsberichte, nein, die soziale Wirklichkeit dieser Hochkultur sah wie jede Wirklichkeit grauer und gewalttätiger aus. Und doch sagen diese Zeugnisse etwas darüber aus, was einmal denkmöglich oder sogar selbstverständlich war innerhalb des Islams. Nichts, absolut nichts findet sich innerhalb der religiösen Kultur des modernen Islams, das auch nur annähernd vergleichbar wäre, eine ähnliche Faszination ausübte, von ebensolcher Tiefe wäre wie die Schriften, auf die ich in meinem Studium stieß. Und da spreche ich noch gar nicht von der islamischen Architektur, der islamischen Kunst, der islamischen Musikwissenschaft – es gibt sie nicht mehr.

Ich möchte Ihnen den Verlust an Kreativität und Freiheit an meinem eigenen Fachgebiet illustrieren: Es war einmal denkmöglich und sogar selbstverständlich, dass der Koran ein poetischer Text ist, der nur mit den Mitteln und Methoden der Poetologie begriffen werden kann, nicht anders als ein Gedicht. Es war denkmöglich und sogar selbstverständlich, dass ein Theologe zugleich ein Literaturwissenschaftler und Kenner der Poesie war, in vielen Fällen auch selbst ein Dichter. In der heutigen Zeit wurde mein eigener Lehrer Nasr Hamid Abu Zaid in Kairo der Ketzerei angeklagt, von seinem Lehrstuhl vertrieben und sogar zwangsgeschieden, weil er die Koranwissenschaft als eine Literaturwissenschaft begriff. Das heißt, ein Zugang zum Koran, der selbstverständlich war und für den Nasr Abu Zaid die bedeutendsten Gelehrten der klassischen islamischen Theologie heranziehen konnte, wird heute nicht einmal mehr als denkmöglich anerkannt. Ein solcher Zugang zum Koran, obwohl er der traditionelle ist, wird verfolgt und bestraft und verketzert. Dabei ist der Koran ein Text, der sich nicht etwa nur reimt, sondern in verstörenden, vieldeutigen, geheimnisvollen Bildern spricht, er ist auch kein Buch, sondern eine Rezitation, die Partitur eines Gesangs, der seine arabischen Hörer durch seine Rhythmik, Lautmalerei und Melodik bewegt. Die islamische

Theologie hat die ästhetischen Eigenheiten des Korans nicht nur berücksichtigt, sie hat die Schönheit der Sprache zum Beglaubigungswunder des Islams erklärt. Was aber geschieht, wenn man die sprachliche Struktur eines Textes missachtet, sie nicht einmal mehr angemessen versteht oder auch nur zur Kenntnis nimmt, das lässt sich heute überall in der islamischen Welt beobachten. Der Koran sinkt herab zu einem Vademekum, das man mit der Suchmaschine nach diesem oder jenem Schlagwort abfragt. Die Sprachgewalt des Korans wird zum politischen Dynamit.

Oft ist zu lesen, dass der Islam durch das Feuer der Aufklärung gehen oder die Moderne sich gegen die Tradition durchsetzen müsse. Aber das ist vielleicht etwas zu einfach gedacht, wenn die Vergangenheit des Islams so viel aufklärerischer war und das traditionelle Schrifttum bisweilen moderner anmutet als der theologische Gegenwartsdiskurs. Goethe und Proust, Lessing und Joyce haben schließlich nicht unter geistiger Umnachtung gelitten, dass sie fasziniert waren von der islamischen Kultur. Sie haben in den Büchern und Monumenten etwas gesehen, was wir, die wir oft genug brutal mit der Gegenwart des Islams konfrontiert sind, nicht mehr so leicht wahrnehmen. Vielleicht ist das Problem des Islams weniger die Tradition als vielmehr der fast schon vollständige Bruch mit dieser Tradition, der Verlust des kulturellen Gedächtnisses, seine zivilisatorische Amnesie.

Alle Völker des Orients haben durch den Kolonialismus und durch laizistische Diktaturen eine brutale, von oben verordnete Modernisierung erlebt. Das Kopftuch, um es an einem Beispiel zu illustrieren, das Kopftuch haben die iranischen Frauen nicht allmählich abgelegt – Soldaten schwärmten auf Anordnung des Schahs 1936 in den Straßen aus, um es ihnen mit Gewalt vom Kopf zu reißen. Anders als in Europa, wo die Moderne bei allen Rückschlägen und Verbrechen doch als ein Prozess der Emanzipation erlebt werden konnte und sich über viele Jahrzehnte und Jahr-hunderte vollzog, war sie im Nahen Osten wesentlich eine Gewalterfahrung. Die Moderne wurde nicht mit Freiheit, sondern mit Ausbeutung und Despotie assoziiert. Stellen Sie sich einen italienischen Präsidenten vor, der mit dem Auto in den Petersdom fährt, mit seinen schmutzigen Stiefeln auf den Altar springt und dem Papst seine Peitsche ins Gesicht schlägt – dann haben Sie eine ungefähre Vorstellung davon, was es bedeutete, als Reza Schah 1928 mit seinen Reitstiefeln durch den Heiligen Schrein von Ghom marschierte und auf die Bitte des Imams, wie jeder Gläubige die Schuhe auszuziehen, dem Imam mit der Peitsche ins Gesicht schlug. Und Sie fänden vergleichbare Vorgänge und Schlüsselmomente in vielen anderen Ländern des Nahen Ostens, die sich nicht langsam von der Vergangenheit lösten, sondern diese Vergangenheit zertrümmerten und aus dem Gedächtnis zu radieren versuchten.

◇

Man hätte annehmen können, dass wenigstens die religiösen Fundamentalisten, die nach dem Scheitern des Nationalismus überall in der islamischen Welt an Einfluss gewannen, die eigene Kultur wertschätzen. Indes taten sie das Gegenteil: Indem sie zu einem vermeintlichen Uranfang zurückkehren wollten, vernachlässigten sie die Tradition nicht bloß, sondern bekämpften sie dezidiert. Wir wundern uns nur deshalb über den Bildersturm des »Islamischen Staates«, weil wir nicht mitbekommen haben, dass in Saudi-Arabien praktisch überhaupt keine Altertümer mehr stehen. In Mekka haben die Wahhabiten die Gräber und Moscheen der engsten Prophetenangehörigen, ja selbst das Geburtshaus des Propheten zerstört. Die historische Moschee des Propheten in Medina wurde durch einen gigantischen Neubau ersetzt, und wo bis vor wenigen Jahren noch das Haus stand, in dem Mohammed mit seiner Frau Khadija wohnte, steht heute ein öffentliches Klo.

Außer mit dem Koran beschäftigte ich mich während des Stu-

Sufismus

diums hauptsächlich mit der islamischen Mystik, dem Sufismus. Mystik, das klingt nach etwas Randseitigem, nach Esoterik, nach einer Art Untergrundkultur. Nichts könnte mit Bezug auf den Islam falscher sein. Bis ins 20. Jahrhundert hinein war der Sufismus fast überall in der islamischen Welt die Grundlage der Volksfrömmigkeit. Im asiatischen Islam ist er es bis heute. Zugleich war die islamische Hochkultur, insbesondere die Dichtung, die bildende Kunst und die Architektur, durchdrungen vom Geist der Mystik. Als die geläufigste Form der Religiosität bildete der Sufismus das ethische und ästhetische Gegengewicht zur Orthodoxie der Rechtsgelehrten. Indem er an Gott vor allem die Barmherzigkeit hervorhob, im Koran hinter jeden Buchstaben sah, in der Religion stets die Schönheit suchte, die Wahrheit auch in anderen Glaubensformen erkannte und ausdrücklich vom Christentum das Gebot der Feindesliebe übernahm, durchdrang der Sufismus die islamischen Gesellschaften mit Werten, Geschichten und Klängen, die aus einer Buchstabenfrömmigkeit allein nicht abzuleiten gewesen wären. Der Sufismus als der gelebte Islam setzte den Gesetzesislam nicht etwa außer Kraft, aber er ergänzte ihn, machte ihn im Alltag weicher, ambivalenter, durchlässiger, toleranter und durch die Musik, den Tanz, die Poesie vor allem auch sinnlich erlebbar.

Kaum etwas davon ist übrig geblieben. Wo immer die Islamisten Fuß fassten, angefangen schon im 19. Jahrhundert im heutigen Saudi-Arabien bis zuletzt in Mali, machten sie zuerst den sufischen Festen ein Ende, verboten die mystischen Schriften, zerstörten die Gräber der Heiligen, schnitten den sufischen Führern die langen Haare ab oder töteten sie gleich. Aber nicht nur die Islamisten. Auch den Reformern und religiösen Aufklärern des 19. und frühen 20. Jahrhunderts galten die Traditionen und Sitten des Volksislams als rückständig und veraltet. Nicht etwa sie haben das sufische Schrifttum ernst genommen, sondern es waren westliche Gelehrte, Orientalisten wie die Friedenspreisträgerin von 1995, Annemarie Schimmel, die die Handschriften ediert und damit vor der Vernichtung bewahrt haben. Und selbst heute noch beschäftigen sich nur sehr wenige muslimische Intellektuelle mit dem Reichtum, der in ihrer eigenen Tradition liegt. Die zerstörten, missachteten, vermüllten Altstädte mit ihren ruinierten Baudenkmälern überall in der islamischen Welt stellen den Verfall des islamischen Geistes ebenso sinnbildlich dar wie die größte Shopping-Mall der Welt, die in Mekka direkt neben der Kaaba gebaut wurde. Das muss man sich vor Augen halten, das kann man auf Bildern auch sehen: Das eigentliche Heiligtum des Islams, dieses so schlichte und herrliche Bauwerk, in dem der Prophet selbst betete, wird buchstäblich von Gucci und Apple überragt. Vielleicht hätten wir weniger auf den Islam unserer Großdenker als auf den Islam unserer Großmütter hören sollen.

Sicher, in manchen Ländern hat man begonnen, Häuser und Moscheen zu restaurieren, allerdings mussten erst westliche Kunsthistoriker oder auch verwestlichte Muslime wie ich kommen, die den Wert der Tradition erkannten. Und leider kamen wir ein Jahrhundert zu spät, als die Gebäude bereits zerfallen, die Bautechniken vergessen und die Bücher aus dem Gedächtnis radiert waren. Aber immerhin glaubten wir, Zeit zu haben, um die Dinge gründlich zu studieren. Inzwischen komme ich mir als Leser fast schon wie ein Archäologe in einem Kriegsgebiet vor, der eilig und keineswegs immer durchdacht die Relikte aufsammelt, auf dass spätere Generationen sie wenigstens noch museal betrachten können. Wohl bringen muslimische Länder immer noch überragende Werke hervor, wie sich auf Biennalen, Filmfestivals und ebenso auf der diesjährigen Buchmesse wieder zeigt. Aber mit dem Islam hat diese Kultur kaum noch etwas zu tun. Es gibt keine islamische Kultur mehr, jedenfalls keine von Rang. Was uns jetzt um die Ohren und auf die Köpfe fliegt, sind die Trümmer einer gewaltigen geistigen Implosion.

◇

Gibt es Hoffnung? Es gibt bis zum letzten Atemzug Hoffnung, lehrt uns Pater Paolo, der Gründer der Gemeinschaft von Mar Musa. Hoffnung ist das zentrale Motiv seiner Schriften. Am Tag nach der Entführung seines Schülers und Vertreters strömten die Muslime von Qaryatein ungefragt in die Kirche und beteten für ihren Pater Jacques. Das muss auch uns Hoffnung geben, dass die Liebe über die Grenzen der Religionen, Ethnien und Kulturen hinaus wirkt. Der Schock, den die Nachrichten und Bilder des »Islamischen Staats« erzeugt haben, ist gewaltig, und er hat Gegenkräfte freigesetzt. Endlich formiert sich auch innerhalb der islamischen Orthodoxie ein Widerstand gegen die Gewalt im Namen der Religion. Und schon seit einigen Jahren sehen wir, vielleicht weniger im arabischen Kernland des Islams als vielmehr an den Peripherien, in Asien, in Südafrika, in Iran, der Türkei und nicht zuletzt unter den Muslimen im Westen, wie sich ein neues religiöses Denken entwickelt. Auch Europa hat sich nach den beiden Weltkriegen neu geschaffen. Und vielleicht sollte ich angesichts der Leichtfertigkeit, der Geringschätzung und offenen Missachtung, die nicht nur unsere Politiker, nein, die wir als Gesellschaft seit einigen Jahren dem europäischen Projekt der Einigung entgegenbringen, dem politisch Wertvollsten, was dieser Kontinent je hervorgebracht hat – vielleicht sollte ich an dieser Stelle erwähnen, wie oft ich bei meinem Reisen auf Europa angesprochen werde: als Modell, ja beinah schon als Utopie. Wer vergessen hat, warum es Europa braucht, muss in die ausgemergelten, erschöpften, verängstigten Gesichter der Flüchtlinge blicken, die alles hinter sich gelassen, alles aufgegeben, ihr Leben riskiert haben für die Verheißung, die Europa immer noch ist.

Das bringt mich zurück zur zweiten Formulierung Pater Jacques', die ich bemerkenswert fand, zu seinem Satz über die christliche Welt: »Wir bedeuten ihnen nichts.« Als Muslim ist es nicht an mir, den Christen in der Welt vorzuwerfen, sich – wenn schon nicht um das syrische oder irakische Volk – nicht einmal um ihre eigenen Glaubensgeschwister zu bekümmern. Und doch ist es, was auch ich oft denke, wenn ich das Desinteresse unserer Öffentlichkeit an der schon endzeitlich anmutenden Katastrophe in jenem Osten erlebe, den wir uns durch Stacheldrahtzäune, Kriegsschiffe, Feindbilder und geistige Sichtblenden fernzuhalten versuchen. Nur drei Flugstunden von Frankfurt entfernt werden ganze Volksgruppen ausgerottet oder vertrieben, Mädchen versklavt, viele der wichtigsten Kulturdenkmäler der Menschheit in die Luft gesprengt, gehen Kulturen und mit den Kulturen auch eine uralte ethnische, religiöse und sprachliche Vielfalt unter, die sich anders als in Europa noch bis ins 21. Jahrhundert einigermaßen bewahrt hatte – aber wir versammeln uns und stehen erst auf, wenn eine der Bomben dieses Krieges uns selbst trifft wie am 7. und 8. Januar in Paris, oder wenn die Menschen, die vor diesem Krieg fliehen, an unsere Tore klopfen.

Es ist gut, dass unsere Gesellschaften, anders als nach dem 11. September 2001, dem Terror unsere Freiheit entgegengehalten haben. Es ist beglückend zu sehen, wie viele Menschen in Europa und besonders auch in Deutschland sich für Flüchtlinge einsetzen. Aber dieser Protest und diese Solidarität, sie bleiben noch zu oft unpolitisch. Wir führen keine breite gesellschaftliche Debatte über die Ursachen des Terrors und der Fluchtbewegung und inwiefern unsere eigene Politik vielleicht sogar die Katastrophe befördert, die sich vor unseren Grenzen abspielt. Wir fragen nicht, warum unser engster Partner im Nahen Osten ausgerechnet Saudi-Arabien ist. Wir lernen nicht aus unseren Fehlern, wenn wir einem Diktator wie General Sissi den roten Teppich ausrollen. Oder wir lernen die falschen Lektionen, wenn wir aus den desaströsen Kriegen im Irak oder in Libyen den Schluss ziehen, uns auch bei Völkermord besser herauszuhalten. Nichts ist uns eingefallen, um den

Mord zu verhindern, den das syrische Regime seit vier Jahren am eigenen Volk verübt. Und ebenso haben wir uns abgefunden mit der Existenz eines neuen, religiösen Faschismus, dessen Staatsgebiet etwa so groß ist wie Großbritannien und von den Grenzen Irans bis fast ans Mittelmeer reicht. Nicht, dass es einfache Antworten darauf gäbe, wie eine Millionenstadt wie Mossul befreit werden könnte – aber wir stellen uns nicht einmal ernsthaft die Frage. Eine Organisation wie der »Islamische Staat« mit hochgerechnet 30 000 Kämpfern ist für die Weltgemeinschaft nicht unbesiegbar – sie darf es nicht sein. »Heute sind sie bei uns«, sagte der katholische Bischof von Mossul, Yohanna Petros Mouche, als er den Westen und die Weltmächte um Hilfe bat, um den IS aus dem Irak zu vertreiben. »Heute sind sie bei uns. Morgen werden sie bei euch sein.«

Ich möchte mir nicht vorstellen, was noch geschehen muss, damit wir dem Bischof von Mossul rechtgeben. Denn es gehört zur propagandistischen Logik des »Islamischen Staates«, daß er mit seinen Bildern eine immer höhere Stufe des Horrors zündet, um in unser Bewusstsein zu dringen. Als wir uns nicht mehr über einzelne christliche Geiseln erregten, die den Rosenkranz beten, bevor sie geköpft werden, fing der IS an, ganze Gruppen von Christen zu enthaupten. Als wir die Enthauptungen von unseren Bildschirmen verbannten, fackelte der IS die Bilder aus dem Nationalmuseum von Mossul ab. Als wir uns an zertrümmerte Statuen gewöhnt hatten, begann der IS, ganze Ruinenstädte wie Nimrod und Ninive zu planieren. Als wir uns nicht mehr mit der Vertreibung der Yeziden beschäftigten, rüttelten uns kurz die Nachrichten von Massenvergewaltigungen wach. Als wir glaubten, der Schrecken beschränke sich auf den Irak und Syrien, erreichten uns die Snuffvideos aus Libyen und Ägypten. Als wir uns an die Enthauptungen und die Kreuzigungen gewöhnt hatten, wurden die Opfer erst enthauptet und dann gekreuzigt, wie zuletzt in Libyen. Palmyra wird nicht auf einmal, vielmehr Bauwerk und Bauwerk gesprengt, im Abstand von Wochen, um jedes Mal ein neue Nachricht zu produzieren. Das wird nicht aufhören. Der IS wird den Horror so lange steigern, bis wir in unserem europäischen Alltag sehen, hören und fühlen, dass dieser Horror nicht von selbst aufhören wird. Paris wird nur der Anfang gewesen sein, und Lyon nicht die letzte Enthauptung bleiben. Und je länger wir warten, desto weniger Möglichkeiten bleiben uns. Anders gesagt, ist es schon viel zu spät.

◇

Darf ein Friedenspreisträger zum Krieg aufrufen? Ich rufe nicht zum Krieg auf. Ich weise lediglich darauf hin, dass es einen Krieg gibt – und dass auch wir, als seine nächsten Nachbarn, uns dazu verhalten müssen, womöglich militärisch, ja, aber vor allem sehr viel entschlossener als bisher diplomatisch und ebenso zivilgesellschaftlich. Denn dieser Krieg kann nicht mehr allein in Syrien und im Irak beendet werden. Er kann nur von den Mächten beendet werden, die hinter den befeindeten Armeen und Milizen stehen, Iran, die Türkei, die Golfstaaten, Russland und auch der Westen. Und erst wenn unsere Gesellschaften den Irrsinn nicht länger akzeptieren, werden sich auch die Regierungen bewegen. Wahrscheinlich werden wir Fehler machen, was immer wir jetzt noch tun. Aber den größten Fehler begehen wir, wenn wir weiterhin nichts oder so wenig gegen den Massenmord vor unserer europäischen Haustür tun, den des »Islamischen Staates« und den des Assad-Regimes.

»Soeben komme ich aus Aleppo zurück«, fuhr Pater Jacques in der Email fort, die er wenige Tage vor seiner Entführung am 21. Mai schrieb, »dieser Stadt, die am Fluss des Stolzes schläft, die im Zentrum des Orients liegt. Sie ist jetzt wie eine Frau, die von Krebs aufgefressen ist. Alle fliehen aus Aleppo, vor allem die armen Christen. Dabei treffen diese Massaker nicht nur die Christen, sondern das gesamte syrische Volk. Unsere Bestimmung ist schwer umzusetzen, vor allem in diesen Tagen, an denen Pater Paolo verschwunden ist, der Lehrer und Begründer des Dialogs im 21. Jahrhundert. In diesen Tagen leben wir den Dialog als ein gemeinschaftliches, gemeinsames Leiden. Wir sind traurig in dieser ungerechten Welt, die einen Teil der Verantwortung für die Opfer des Krieges trägt, dieser Welt des Dollars und des Euros, die nur nach ihren eigenen Völkern, ihrem eigenen Wohlstand, ihrer eigenen Sicherheit sieht, während der Rest der Welt hungers stirbt und an Krankheiten und am Krieg. Es scheint, dass ihr einziges Ziel ist, Gegenden zu finden, wo sie Kriege führen und den Handel mit Waffen, mit Flugzeugen noch steigern können. Wie rechtfertigen sich diese Regierungen, die die Massaker beenden könnten, aber nichts tun, nichts. Ich bange nicht um meinen Glauben, aber ich bange um die Welt. Die Frage, die wir uns stellen, ist die folgende: Haben wir das Recht zu leben oder nicht? Die Antwort ist schon da, denn dieser Krieg ist eine klare Antwort, so klar wie das Licht der Sonne. Also ist der wahre Dialog, den wir heute leben, der Dialog der Barmherzigkeit. Mut, meine Liebe, ich bin bei Dir und umarme dich fest, Jacques.«

Zwei Monate nach der Entführung von Pater Jacques, am 28. Juli 2015, hat der »Islamische Staat« die Kleinstadt Qaryatein eingenommen. Die meisten Bewohner konnten im letzten Augenblick fliehen, aber zweihundert Christen wurden vom IS entführt. Einen weiteren Monat später, am 21. August, wurde das Kloster Mar Elian mit Bulldozern zerstört. Auf den Bildern, die der IS ins Internet gestellt hat, ist zu sehen, dass kein einziger der tausendsiebenhundert Jahre alten Steine auf dem anderen geblieben ist. Weitere zwei Wochen später, am 3. September, tauchten auf einer Website des Islamischen Staates Fotos auf, die einige der Christen aus Qaryatein in den ersten Stuhlreihen einer Schulaula oder einer Festhalle zeigen, kahlgeschoren, manche bis auf die Knochen abgemagert, ihre Blicke leer, sie alle von der Geiselhaft gezeichnet. Auch Pater Jacques ist auf den Photos zu erkennen, in ziviler Kleidung, ebenfalls kahlgeschoren und abgezehrt, deutlich wahrnehmbar die Erschütterung in seinem Blick. Er hält sich die Hand vor den Mund, als wolle er nicht wahrhaben, was er sieht. Auf der Bühne der Aula sitzt ein breitschultriger, langbärtiger Mann in Kampfuniform, der einen Vertrag unterzeichnet. Es ist ein sogenannter Dhimmi-Vertrag, der die Christen der Herrschaft der Muslime unterwirft. Sie dürfen keine Kirche und keine Klöster bauen, kein Kreuz und ebensowenig eine Bibel mit sich führen. Ihre Priester dürfen keine Priesterkleidung tragen. Die Muslime dürfen die Gebete der Christen nicht hören, ihre Schriften nicht lesen und ihre Kirchen nicht betreten. Die Christen dürfen keine Waffen tragen und müssen bedingungslos den Anweisungen des »Islamischen Staats« gehorchen. Sie müssen sich ducken, müssen klaglos jede Ungerechtigkeit ertragen und außerdem eine Kopfsteuer zahlen, die Dschizya, damit sie leben dürfen. Es wird einem schlecht, wenn man diesen Vertrag liest. Er teilt die Geschöpfe Gottes ganz offensichtlich in Menschen erster und zweiter Klasse auf und lässt keinen Zweifel, dass es außerdem Menschen dritter Klasse gibt, deren Leben noch weniger gilt.

Es ist ein ruhiger, aber ganz und gar deprimierter, hilfloser Blick, den uns Pater Jacques auf dem Foto zuwirft, während er die Hand vor den Mund hält. Mit dem eigenen Martyrium hatte er gerechnet. Aber dass seine Gemeinde in Gefangenschaft geriet, die Kinder, die er getauft, die Liebenden, die er miteinander vermählt, die Alten, denen er die letzte Ölung versprochen hat, das muss ihn um den Verstand bringen, selbst den bedächtigen, innerlich so starken, gottergebenen Pater Jacques um den Verstand. Seinetwegen waren die Entführten schließlich in Qaryatein geblieben, statt wie so viele andere Christen aus Syrien zu fliehen. Pater Jacques wird denken, dass er Schuld auf sich geladen hat. Aber Gott, das weiß ich, Gott wird anders über ihn urteilen.

◇

Gibt es Hoffnung? Ja, es gibt Hoffnung, es gibt immer Hoffnung. Ich hatte diese Rede bereits geschrieben, als mich vor fünf Tagen, am Dienstag, die Nachricht erreichte: Pater Jacques Mourad ist frei. Bewohner des Städtchens Qaryatein haben ihm zur Flucht aus seiner Zelle verholfen, sie haben ihn verkleidet und mit Hilfe von Beduinen aus dem Gebiet des »Islamischen Staates« geschafft. Inzwischen ist er zu seinen Brüdern und Schwestern der Gemeinschaft von Mar Musa zurückgekehrt. Offenbar waren zahlreiche Menschen an der Befreiung beteiligt, sie alle Muslime, und jeder einzelne von ihnen hat sein Leben für einen christlichen Priester riskiert. Die Liebe hat über die Grenzen der Religionen, Ethnien und Kulturen hinaus gewirkt. So herrlich, ja, im Wortsinn wunderbar diese Nachricht ist, so überwiegt dennoch die Sorge, am brennendsten bei Pater Jacques selbst. Denn das Leben der zweihundert anderen Christen von Qaryatein dürfte nach seiner Befreiung erst recht in Gefahr sein. Und auch von seinem Lehrer Pater Paolo, dem Gründer der christlichen Gemeinschaft, die den Islam liebt, fehlt weiterhin jede Spur. Es gibt bis zum letzten Atemzug Hoffnung.

Ein Friedenspreisträger soll nicht zum Krieg aufrufen. Doch darf er zum Gebet aufrufen. Meine Damen und Herren, ich möchte Sie um etwas Ungewöhnliches bitten – obwohl es so ungewöhnlich in einer Kirche dann auch wieder nicht ist. Ich möchte Sie bitten, zum Schluss meiner Rede nicht zu applaudieren, sondern für Pater Paolo und die zweihundert entführten Christen von Qaryatein zu beten, den Kindern, die Pater Jacques getauft, die Liebenden, die er miteinander vermählt, den Alten, denen er die Letzte Ölung versprochen hat. Und wenn Sie nicht religiös sind, dann seien Sie doch mit Ihren Wünschen bei den Entführten und auch bei Pater Jacques, der mit sich hadert, weil nur er befreit worden ist. Was sind denn Gebete anderes als Wünsche, die an Gott gerichtet sind? Ich glaube an Wünsche und dass sie mit oder ohne Gott in unserer Welt wirken. Ohne Wünsche hätte die Menschheit keinen der Steine auf den anderen gelegt, die sie in Kriegen so leichtfertig zertrümmert. Und so bitte ich Sie, meine Damen und Herren, beten Sie für Jacques Mourad, beten Sie für Paolo Dall'Oglio, beten Sie für die Christen von Qaryatein, beten Sie oder wünschen Sie sich die Befreiung aller Geiseln und die Freiheit Syriens und des Iraks. Gern können Sie sich dafür auch erheben, damit wir den Snuffvideos der Terroristen ein Bild unserer Brüderlichkeit entgegenhalten.

Ich danke Ihnen.

ACCEPTANCE SPEECH

Navid Kermani

Beyond the Borders –
Jacques Mourad
and Love in Syria

WINNER OF THE PEACE PRIZE 2015

On the day I received the news of the Peace Prize of the German Publishers' Association, the same day, Jacques Mourad was abducted in Syria. Two armed men entered the monastery of Mar Elian on the outskirts of the small town of Qaryatain and demanded to see Father Jacques. They found him no doubt in his bare little office, which also served as his living room and bedroom, seized him and took him with them. On May 21, 2015, Jacques Mourad became a hostage of the so-called Islamic State.

I first met Father Jacques in the autumn of 2012, when I was travelling through an already war-torn Syria to report on the events there. He was responsible for the Catholic parish of Qaryatain and also belonged to the community of Mar Musa, which was founded in the early 1980s in a derelict early Christian monastery. It is a special, probably a unique Christian community, for it is devoted to the encounter with Islam and love for Muslims. While conscientiously following the commandments and rituals of their own Catholic church, the nuns and monks engage equally earnestly with Islam and take part in Muslim traditions, including the observance of Ramadan. It sounds mad, even ludicrous: Christians who, as they themselves put it, have fallen in love with Islam. And yet this Christian-Muslim love was a reality in Syria only recently, and still is in the hearts of many Syrians. With the work of their hands, the kindness of their hearts and the prayers of their souls, the nuns and monks of Mar Musa created a place that seemed to me a utopia, a place which – although they did not ignore the divisions of the present – anticipated nothing less than an eschatological reconciliation, took for granted that reconciliation will come.

A seventh-century stone monastery, amid the overpowering solitude of the Syrian desert mountains, which was visited by Christians from all over the world, but where day after day still greater numbers of Arab Muslims – dozens, even hundreds – knocked at the door to meet their Christian brethren, to talk, to sing and to keep silence with them, and also to pray according to their own Islamic ritual in a corner of the church that was kept free of images.

When I visited Father Jacques in 2012, the founder of the community, the Italian Jesuit Paolo Dall'Oglio, had just been expelled from the country. Father Paolo had been too outspoken in his criticism of the Assad government, which responded to the Syrian people's demands for freedom and democracy – demands they had raised peacefully for nine months – with arrests and torture, with truncheons and assault rifles, and finally with horrific massacres and even poison gas, until the country descended into civil war. But Father Paolo had also opposed the leadership of the recognized Syrian churches, which had remained silent about the government's violence. He had tried in vain to raise support in Europe for the Syrian democratic movement, and called in vain on the United Nations to impose a no-fly zone or at least to send observers. He had warned in vain of a sectarian war if the jihadists were the only ones to receive support from abroad while the secular and moderate groups were neglected. He had tried in vain to break through the wall of our apathy. In the summer of 2013, the founder of the community of Mar Musa secretly returned to Syria to try to help some Muslim friends who were in the hands of Islamic State, and was himself abducted by Islamic State. Since July 28, 2013, Father Paolo Dall'Oglio has been missing without a trace.

Father Jacques, who now bore sole responsibility for the monastery of Mar Elian, is a very different kind of person: not a gifted orator, not charismatic, not a temperamental Italian, but rather, like so many Syrians I met, a proud, deliberate and extremely polite man, quite tall, with a broad face, his short hair still black. I did not get to know him well, of course; I attended Mass, which consisted of enchantingly beautiful singing as in all Eastern churches, and observed how warmly he chatted with the faithful and with local dignitaries at the lunch that followed. When he had said goodbye to all the guests, he led me to his tiny room for half an hour, placing a chair for me next to the narrow bed upon which he sat for the interview.

It was not only his words that amazed me – how fearlessly he criticised the government, and how openly he also spoke of the hardening taking place in his own Christian community. What made an even more profound impression on me was his demeanour: I experienced him as a quiet, very conscientious, introverted and ascetic servant of God who, now that God had given him the task of ministering to the beleaguered Christians in Qaryatain and leading the monastic community, was devoting all his strength to carrying out this public duty as well. He spoke quietly and slowly – usually with his eyes closed – as if he were consciously slowing down his pulse and using the interview as a brief rest between two more strenuous commitments. At the same time he chose his words very carefully and articulated his thoughts in polished sentences, and what he said was so clear, and so politically incisive, that I asked him repeatedly whether it might not be too dangerous to quote him directly. Then he opened his warm, dark eyes and nodded wearily – yes, I could print everything, otherwise he would not have said it; the world had to learn what was happening in Syria.

This weariness – this was also a strong impression, perhaps my strongest, of Father Jacques – it was the weariness of one who not only acknowledged, but indeed affirmed that he might not find rest before the next life; it was also the weariness of a doctor or a fire-fighter who husbands his strength in the face of mounting adversity. And Father Jacques was indeed a doctor and fire-fighter too in the midst of the war, not only for the souls of those living in fear, but also for the bodies of the needy, whom he gave food, shelter, clothes, protection and, above all, loving attention in his church, regardless of their religion. To the end, the community of Mar Musa sheltered and cared for many hundreds if not thousands of refugees, the vast majority of them Muslims, at the monastery. And not only that: Father Jacques managed to keep peace, even between the different faiths, at least in Qaryatain. It is chiefly thanks to him, the quiet, serious Father Jacques, that the various groups and militias, some of them aligned with the government and some opposed to it, agreed to keep all heavy weapons out of the town. And he, the priest critical of his church, was able to persuade almost all the Christians in his parish to stay. »We Christians are a part of this country, whether the fundamentalists here and in Europe like it or not,« Father Jacques told me. »Arab culture is our culture!«

The demands of some Western politicians to admit Arab Christians in particular made a bitter impression on him. The same West that cared not one iota about the millions of Syrians of all confessions who had demonstrated peacefully for democracy and human rights, the same West that had devastated Iraq and supplied Assad with his poison gas, the same West that was allied with Saudi Arabia, the main sponsor of jihadism – this same West was now concerned about the Arab Christians? He could only laugh at the idea, Father Jacques said, with a perfectly straight face. And with his eyes closed he continued, »With their irresponsible statements, these politicians promote the very confessionalism that threatens us Christians.«

The responsibility grew constantly, and Father Jacques bore it as patiently as ever. The community's non-Syrian members had to leave the country and took refuge in northern Iraq. Only the seven Syrian monks and nuns stayed behind, dividing themselves between the monasteries of Mar Musa and Mar Elian. The front was constantly shifting, and Qaryatain was ruled sometimes by the state and sometimes by opposition militias. The monks and nuns had to come to terms with both sides and, like all the inhabitants, to survive the air raids whenever the little town was in opposition hands. But then Islamic State advanced ever deeper into the Syrian heartland. »The threat from IS, this sect of terrorists who present such a ghastly picture of Islam, has arrived in our region,« Father Jacques wrote to a French friend a few days before his abduction. The message to her continues, »It is difficult to decide what we should do. Should we leave our homes? We are loath to do that. It is dreadful to admit that we have been abandoned – especially by the Christian world, which has decided to keep its distance so as not to endanger itself. We mean nothing to them.«

Two phrases are striking in these few lines of a simple e-mail, no doubt written in haste, phrases which are both characteristic of Father Jacques and a standard for all intellectual integrity. In the first phrase, Father Jacques writes, »The threat from IS, this sect of terrorists who present such a ghastly picture of Islam«. The second phrase, referring to the Christian world: »We mean nothing to them.« Father Jacques defended the community he does not belong to, and criticised his own. A few days before his abduction, when the group that pretends to represent Islam and claims to apply the law of the Quran was already an immediate physical danger to him and his parish, Father Jacques still insisted that these terrorists were distorting the true face of Islam. I would take issue with any Muslim whose only response to the phenomenon of the Islamic State was the worn-out phrase that their violence has nothing to do with Islam. But a Christian, a Christian priest who could expect to be expelled, humiliated, abducted or killed by followers of another faith, yet still insisted on defending that faith – such a man of God displays a magnanimity that I have encountered nowhere else, except in the lives of the saints.

A person like myself cannot and must not defend Islam in that way. The love of one's own – one's own culture, one's own country and also one's own person – manifests itself in self-criticism. The love of the other – of another person, another culture and even another religion – can be far more effusive; it can be unreserved. It is true that the prerequisite for love of the other is love of oneself. But one can only fall in love, as Father Paolo and Father Jacques did with Islam, with the other. Self-love must be a struggling, doubting, constantly questioning love if it is to avoid falling prey to narcissism, self-praise, self-satisfaction. How true that is of Islam today! Any Muslim who does not struggle with it, does not doubt it and does not critically question it does not love Islam.

◇

I am thinking not only of the horrific news and the still more horrific pictures from Syria and Iraq, where the Quran is held aloft at every act of barbarism and »Allahu akbar« is cried out at every beheading. In so many other countries too, indeed in most countries in the Muslim world, state authorities, state-associated institutions, theological schools and rebel groups all appeal to Islam as they oppress their own people, discriminate against women, and persecute, expel or massacre those with different ideas, religious beliefs or ways of life. Islam is invoked to justify stoning women in Afghanistan, murdering whole classes of schoolchildren in Pakistan, enslaving hundreds of girls in Nigeria, beheading Christians in Libya, shooting bloggers in Bangladesh, detonating bombs on marketplaces in Somalia, murdering Sufis and musicians in Mali, crucifying dissidents in Saudi Arabia, banning the most important works of contemporary literature in Iran, oppressing Shiites in Bahrain, and inciting violence between Sunnis and Shiites in Yemen.

The vast majority of Muslims certainly reject terror, violence and oppression. This is something I have experienced directly on my travels; it is not an empty slogan. On the contrary: those who cannot take freedom for granted know its value best. All of the mass uprisings of recent years in the Islamic world have been uprisings for democracy and human rights: not only the attempted, although mostly failed revolutions in almost all the Arab countries, but also the protest movements in Turkey, Iran, Pakistan and, not least, the revolt at the ballot box in the last Indonesian presidential election. The streams of refugees likewise indicate where many Muslims hope to find better lives than in their home countries: certainly not in religious dictatorships. And the reports that reach us directly from Mosul and Raqqa attest, not to enthusiasm, but to the panic and despair of the population. Every relevant theological authority in the Islamic world has rejected the claim of IS to speak for Islam, and explained in detail how its practices and ideology go against the Quran and the basic teachings of Islamic theology. And let us not forget that those who are fighting on the front lines against Islamic State are themselves Muslims – Kurds, Shiites and also Sunni tribes and the members of the Iraqi army.

All of this needs to be said to expose the illusion that is being propounded in unison by the Islamists and the critics of Islam alike, namely that Islam is waging a war against the West. More accurately, Islam is waging a war against itself; that is to say, the Islamic world is being shaken by an inner conflict whose effects on the political and ethnic map may well come close to matching the dislocations that resulted from the First World War. The multi-ethnic, multi-religious and multicultural Orient, which I studied through its superb literary achievements of the Middle Ages, and which I came to love as an endangered, never whole yet still vital reality during long stays in Cairo and Beirut, as a child during summer holidays in Isfahan and as a reporter at the monastery of Mar Musa – this Orient will have ceased to exist, like the world of yesteryear which Stefan Zweig recalled with nostalgia and sorrow in the 1920s.

What happened? Islamic State was not founded yesterday, nor did it begin with the civil wars in Iraq and Syria. Though its methods meet with abhorrence, its ideology is none other than Wahhabism, which exerts its influence in the remotest corners of the Islamic world today and, in the form of Salafism, has become attractive especially to young people in Europe. Since we know that the schoolbooks and curricula of Islamic State are 95 per cent identical with the schoolbooks and curricula in Saudi Arabia, we also know it is not just in Iraq and Syria that the world is strictly divided into what is forbidden and what is permitted – and humanity divided into believers and unbelievers. A school of thought that declares all people of other religions heretics, and berates, terrorises, vilifies and insults them, has been promulgated for decades, sponsored with billions from oil production, in mosques, in books and on television. If you denigrate other people systematically, day after day, it is only logical – how well we know this from our own history, from German history – that you will end up declaring their lives worthless. That such a religious fascism has become conceivable at all, that IS is able to recruit so many fighters, and still more sympathisers, that it has been able to overrun entire countries and capture major cities with hardly a fight – this is not the beginning, but rather the endpoint to date of a long decline, and I am referring not least to the decline of religious thought.

◇

I took up Middle Eastern studies in 1988; my topics were the Quran and poetry. I think everyone who studies this subject in its classical form reaches a point where they can no longer reconcile the past with the present. And they become hopelessly, hopelessly sentimental. Naturally the past was not simply peaceful and colourfully diverse. As a philologist, however, I was dealing mostly with the writings of the mystics, philosophers, rhetoricians and theologians. And I, or rather we students, can only marvel, then and now, at the originality, the intellectual scope, the aesthetic power and the great humanity we find in the spirituality of Ibn Arabi, the poetry of Rumi, the historiography of Ibn Khaldun, the poetic theology of Abd al-Qahir al-Jurjani, the philosophy of Averroes, the travel reports of Ibn Battuta; and in the tales of the *Thousand and One Nights*, which are worldly – yes, worldly and erotic, and feminist too, incidentally, and at the same time infused with the spirit and the verses of the Quran on every page. These were not newspapers, of course; the social reality of that civilisation was, like any other, greyer and more violent. And yet these documents of their age tell us something about what was once conceivable, even taken for granted, within Islam. None of this can be found in the religious culture of modern Islam, nothing whatsoever that is even remotely comparable, that is as fascinating, as profound as the writings I came across as a student. To say nothing of Islamic architecture, Islamic art or Islamic musicology: they no longer exist.

Let me illustrate the loss of creativity and freedom in the context of my own field: there was a time when it was conceivable, and even taken for granted, that the Quran is a poetic text which can only be grasped using the tools and methods of literary studies, no differently than a poem. It was conceivable and taken for granted that a theologian was at the same time a literary scholar and an expert on poetry, and in many cases a poet himself. In our time, my own teacher Nasr Hamid Abu Zayd in Cairo was charged with heresy, driven from his university and even pronounced divorced from his wife because he conceived Quranic studies as a form of literary scholarship. In other words, an approach to the Quran which was once taken for granted, and for which Nasr Abu Zayd was able to cite the most important scholars of classical Islamic theology, is no longer even acknowledged as thinkable. Anyone taking such an approach to the Quran, even though it is the traditional one, is persecuted, punished and declared a heretic. And yet the Quran is a text that not only rhymes, but speaks in disturbing, ambiguous and enigmatic images; nor is it a book at all so much as a recitation, the score of a chant that moves its Arab listeners with its rhythm, onomatopoeia and melody. Islamic theology not only examined the aesthetic peculiarities of the Quran; it declared the beauty of its language to be the authenticating miracle of Islam. All over the Islamic world today, however, we can observe what happens when one ignores the linguistic structure of a text, when one no longer adequately understands or even acknowledges it: the Quran is degraded to a reference manual in which people look up arbitrary keywords using a search engine. The powerful eloquence of the Quran becomes political dynamite.

We read so often that Islam must be cleansed by the fire of Enlightenment, or that modernity must win out over tradition. But that is perhaps too simplistic when we consider that Islam's past was so much more enlightened, and its traditional writings at times more modern, than the current theological discourse. Goethe and Proust, Lessing and Joyce were not out of their minds, after all, to have been fascinated by Islamic culture. They saw something in the books and monuments that we no longer perceive so easily, brutally confronted as we often are by contemporary Islam. Perhaps the problem of Islam is less its tradition than its nearly total break with that tradition, the loss of its cultural memory, its civilisational amnesia.

All the peoples of the Orient experienced a brutal modernisation imposed from above in the form of colonialism and secular dictatorships. The headscarf – to name one example – the headscarf was not abandoned gradually by Iranian women: in 1936, the Shah sent his soldiers out into the streets to tear it from their heads by force. Unlike Europe, where modernity – in spite of all the setbacks and crimes – was ultimately experienced as a process of emancipation and took place gradually over many decades and centuries, the Middle East experienced it largely as violence. Modernity was associated not with freedom, but with exploitation and despotism. Imagine an Italian president driving his car into St Peter's Basilica, jumping onto the altar with his dirty boots and whipping the Pope in the face: then you will have a rough idea of what it meant when, in 1928, Reza Shah marched through the holy shrine of Qom in his riding boots and responded to the imam's request to take off his shoes like any other believer by striking him in the face with his whip. And you will find comparable events and pivotal moments in many other Middle Eastern countries which, instead of slowly leaving the past behind, demolished that past and tried to erase it from memory.

◇

One might have thought that the religious fundamentalists who gained influence throughout the Islamic world after the failure of nationalism would have valued at least their own culture. Yet the opposite was the case: by seeking to return to a supposed point of origin, they not only neglected Islamic tradition, but resolutely fought it. We are only surprised by Islamic State's acts of iconoclasm because we never noticed that there are virtually no ancient relics left in Saudi Arabia. In Mecca, the Wahhabis have destroyed the tombs and mosques of the Prophet's closest kin, including the house he was born in. The historic mosque of the Prophet in Medina has been replaced with a colossal new building, and on the site where, until a few years ago, the house of Muhammad and his wife Khadija stood, there is now a public toilet.

Apart from the Quran, my studies were focused mainly on Islamic mysticism, Sufism. Mysticism sounds like something marginal, esoteric; a kind of underground culture. In the Islamic context, nothing could be further from the truth. Well into the 20th century, Sufism formed the basis of popular religion almost everywhere in the Islamic world; in Asian Islam, it still does. At the same time, Islamic high culture – especially poetry, the fine arts and architecture – was infused with the spirit of mysticism. As the most common form of religious life, Sufism was the ethical and aesthetic counterweight to the orthodoxy of the legal scholars. By emphasising God's compassion above all and seeing it behind every letter of the Quran, by constantly seeking beauty in religion, acknowledging truth in other forms of faith too, and explicitly adopting the Christian commandment to love one's enemies, Sufism infused Islamic societies with values, stories and sounds that could not have resulted from literalist pietism alone. As the Islam of daily life, Sufism did not invalidate the Islam of law, but complemented it and made its day-to-day form softer, more ambivalent, more permeable, more tolerant; and most of all, through music, dance and poetry, it opened Islam to sensual experience.

Hardly any of this has survived. Wherever the Islamists have gained a foothold, from the 19th century in what is now Saudi Arabia to recent events in Mali, they began by putting an end to Sufi festivals, banning the mystics' writings, destroying the tombs of the saints and cutting the long hair of the Sufi leaders or killing them outright. But not only the Islamists. The reformers and the Enlightened religious philosophers of the 19th and early 20th centuries also found the traditions and customs of popular Islam backward and antiquated. It was not they who took Sufi literature seriously, but the Western scholars, Orientalists like the Peace Prize winner of 1995, Annemarie Schimmel, who published scholarly editions of the manuscripts and so saved them from destruction. And even today, only a handful of Muslim intellectuals address the treasures found in their own tradition. The destroyed, neglected, rubbish-filled old city quarters all over the Islamic world, with their ruined architectural monuments, symbolize the decline of Islamic thought every bit as vividly as the biggest shopping mall in the world, which has been built in Mecca right beside the Kaaba. You have to picture this; you can see it in photos: the holiest place in Islam, this simple and superb edifice where the Prophet himself prayed, is literally towered over by Gucci and Apple. Perhaps we should have listened less to the Islam of our grand thinkers and more to the Islam of our grandmothers.

To be sure, people have started restoring buildings and mosques in some countries; but only after Western art historians or Westernised Muslims like myself came along and recognised the value of the tradition. And, unfortunately, we came a century too late, when the buildings had already crumbled, the building techniques had been forgotten and the books erased from memory. But we believed there was still time to study the remains thoroughly. Now as a reader I almost feel like an archaeologist in a war zone, gathering up relics hastily and often haphazardly so that future generations will at least be able to view them in museums. Certainly Muslim countries are still producing outstanding works, as we can see at biennials and film festivals, and once more at this year's Book Fair. But this culture has hardly anything to do with Islam. There is no Islamic culture any more; at least, none of quality. What we now have bursting all around us and raining down on our heads is the debris of a massive intellectual implosion.

◇

Is there any hope? Until our last breath there is hope – that is what Father Paolo, the founder of the community of Mar Musa, teaches us. Hope is the central theme of his writings. The day after his disciple and deputy was abducted, the Muslims of Qaryatain flooded into the church, unasked, and prayed for their Father Jacques. That must surely give us hope that love works across the boundaries between religions, ethnicities and cultures. The news and the pictures of Islamic State have produced a powerful shock, and it has set opposing forces in motion. Finally, a resistance to violence in the name of religion is taking shape in the Islamic orthodoxy as well. And for some years now – perhaps less in the Arabian heartland of Islam than on the periphery, in Asia, South Africa, Iran, Turkey and not least among Muslims in the West – we have witnessed the development of a new religious thought. Europe too had to reinvent itself after the two World Wars. And perhaps I should mention, considering the flippancy, disdain and open contempt which our politicians – no, which we as a society have shown towards the European project of unification, the most politically valuable project ever initiated by this continent, perhaps I should mention at this juncture how often people bring up the subject of Europe with me on my travels: as a model, almost a utopia. Anyone who has forgotten why there needs to be a Europe should look at the emaciated, exhausted, frightened faces of the refugees who have left everything behind, given up everything, risked their lives for the promise that Europe still represents.

That brings me back to the second phrase of Father Jacques's that I found remarkable, his statement about the Christian world: »We mean nothing to them.« As a Muslim, it is not my place to cast blame on the Christians of the world for failing to aid, if not the Syrian and Iraqi peoples, then at least their own brothers and sisters in faith. And yet I too cannot help thinking it when I experience the lack of interest of our public sphere in the seemingly apocalyptic disaster in the East, which we try to repel with barbed-wire fences, warships, stereotypes and mental blinkers. Just a three-hour flight away from Frankfurt, whole ethnic groups are being exterminated or expelled, girls are being enslaved, many of humanity's most important cultural monuments are being blown up, cultures are disappearing and with them an ancient ethnic, religious and linguistic diversity that, in contrast to Europe, had still persisted to a certain extent into the 21st century – but we only join together and rise up when one of the bombs of this war strikes us, as it did on January 7 and 8 in Paris, or when the people fleeing this war come knocking at our gates.

It is a good thing that our societies, responding better than they did to September 11, 2001, have opposed terror with freedom. It is uplifting to see so many people in Europe, and especially in Germany, supporting refugees. But this protest and this solidarity too often fall short of becoming political. We are not having a broad dialogue in our society about the causes of terror and refugee movements, about how our own policies may in fact be exacerbating the disaster taking place just outside our borders. We are not asking why our closest partner in the Middle East is Saudi Arabia, of all countries. We are not learning from our mistakes when we roll out the red carpet for a dictator like General el-Sisi. Or we are learning the wrong lessons, if we conclude from the disastrous wars in Iraq or Libya that it is best not to get involved even when genocide begins. We have not come up with any way to prevent the murders being committed by the Syrian regime against its own people for the past four years. We have likewise resigned ourselves to the existence of a new religious fascism whose territory is roughly the size of Great Britain and extends from the Iranian border almost to the Mediterranean. Not that there are any simple answers to such questions as how a metropolis like Mosul can be liberated – but we are not even asking the question in earnest. An organisation like Islamic State, with an estimated 30,000 fighters, is not invincible to the world community – we cannot allow it to be. »Today they are in our country,« said the Catholic archbishop of Mosul, Youhanna Boutros Moshe, when he asked the West and the great powers to help drive IS out of Iraq. »Today they are in our country. Tomorrow they will be in yours.«

I am hesitate to imagine what else has to happen before we agree with the Archbishop of Mosul, for the logic of Islamic State's propaganda is to kindle ever higher degrees of horror with its images in order to penetrate our consciousness. Once we ceased to be outraged at the sight of individual Christian hostages saying the rosary before being beheaded, IS started beheading whole groups of Christians. When we banished the decapitations from our screens, IS burnt the pictures in the National Museum in Mosul. Once we had become inured to the sight of smashed statues, IS began levelling the ancient ruins of whole cities like Nimrod and Nineveh. When we stopped worrying about the expulsions of Yazidis, the news of mass rapes briefly jolted us from our slumber. When we thought the terrors were confined to Iraq and Syria, snuff videos reached us from Libya and Egypt. When we had grown accustomed to the beheadings and the crucifixions, they beheaded their victims first and then crucified them, as they recently did in Libya. Palmyra is not being blown up all at once, but in fact one building at a time, at intervals of several weeks, in order to produce a fresh news item each time. This will not stop. IS will go on escalating the horror until we see, hear and feel in our European day-to-day lives that this horror will not end by itself. Paris will have been only the beginning, and Lyon will not be the last beheading. And the longer we wait, the fewer options we will have. In other words, it is already far too late.

◇

Can the recipient of a peace prize call for war? I am not calling for war. I am merely pointing out that there is a war – and that we too, as its closest neighbours, must respond to it, possibly by military means, yes, but above all with far more determination than we have shown up to now, in our diplomacy and in civil society. For this war can no longer be ended in Syria and Iraq alone. It can only be ended by the powers behind the warring armies and militias: Iran, Turkey, the Gulf states, Russia and the West. And only when our societies cease to accept the madness will our governments take action. Whatever we do at this point, we will probably make mistakes. But our greatest mistake would be to go on doing nothing, or too little, against the mass murder being carried out by Islamic State and the Assad regime at Europe's doorstep.

»I have just returned from Aleppo,« Father Jacques continued in the e-mail he wrote a few days before his abduction on May 21, »this city which sleeps by the river of pride, which lies at the centre of the Orient. It is now like a woman consumed by cancer. Everyone is fleeing Aleppo, especially the poor Christians. Yet these massacres strike not only the Christians, they strike the entire Syrian people. Our purpose is difficult to achieve, especially in these days since the disappearance of Father Paolo, the teacher and initiator of dialogue in the 21st century. In these days we are living that dialogue as a communal, shared suffering. We are sad in this unjust world which bears a share of the responsibility for the victims of the war, this world of the dollar and the euro, which cares only for its own peoples, its own prosperity, its own safety, while the rest of the world dies of hunger, disease and war. It seems their only aim is to find regions where they can wage wars and further increase their trade in arms and aeroplanes. How do these governments justify themselves, when they could end the massacres, but do nothing, nothing at all? I do not fear for my faith, but I fear for the world. The question we ask ourselves is this: do we have a right to live or not? The answer has already been given, for this war is a clear answer, as clear as sunlight. So the real dialogue we are living today is the dialogue of mercy. Courage, my dear, I am with you and embrace you. Jacques.«

Two months after the abduction of Father Jacques, on July 28, 2015, Islamic State took over the small town of Qaryatain. Most of the inhabitants managed to flee at the last moment, but two hundred Christians were kidnapped by IS. Another month later, on August 21, the monastery of Mar Elian was destroyed by bulldozers. You can see in the pictures posted online by IS that not one of the 1,700-year-old stones was left standing. Another two weeks later, on September 3, photos appeared on an Islamic State website showing some of the Christian hostages from Qaryatain sitting in the front rows of a school auditorium or municipal hall, their heads shaven, some of them little more than skin and bone, their faces void of expression, all of them marked by their captivity. Father Jacques is recognisable in the photos, wearing plain clothes, likewise emaciated and with his head shorn, the shock clearly visible in his eyes. He is covering his mouth with his hand, as if unwilling to believe what he is seeing. On the stage of the hall we see a broad-shouldered, long-bearded man in combat fatigues signing a contract. It is what is known as a dhimmi contract, which subjugates Christians to Muslim rule. They are forbidden to build churches or monasteries, and to carry crosses or Bibles on their person. Their priests are not allowed to wear clerical attire. Muslims must not hear the prayers of Christians, read their writings or enter their churches. The Christians are not allowed to bear arms and must obey the instructions of Islamic State unconditionally. They must bow their heads, endure all injustices in silence, and also pay a poll tax, the *jizya*, to be allowed to live. The contract is sickening to read: it divides God's creatures quite clearly into first and second-class persons, and leaves no doubt that there are also third-class persons whose lives are worth even less.

It is a calm but utterly depressed and helpless glance that Father Jacques casts at us in the photo as he covers his mouth with his hand. He had expected his own martyrdom. But to see his parish taken captive – the children he christened, the lovers he married, the elderly to whom he promised the last rites – must be enough to drive him mad, to drive even a man as deliberate, inwardly strong and devoted to God as Father Jacques mad. After all, it was for his sake that the other captives had stayed in Qaryatain instead of fleeing Syria like so many other Christians. Father Jacques no doubt believes that he bears guilt; but God, I know this much, God will judge him otherwise.

◇

Is there hope? Yes, there is hope, there is always hope. I had already written this speech when, five days ago, on Tuesday, I received the news that Father Jacques Mourad is free. Inhabitants of the town of Qaryatain helped him escape from his cell. They disguised him and managed to get him out of the IS-controlled area with the help of Bedouins. He has now returned to his brothers and sisters of the Mar Musa community. Apparently a number of people were involved in the rescue, all of them Muslims, every one of them risking his or her life for a Christian priest. Love worked across the boundaries between religions, ethnicities and cultures. And yet, as magnificent as this news is – indeed, as wondrous as it is in the literal sense of the word – sorrow nevertheless outweighs the joy, and most bitterly Father Jacques's own sorrow. Indeed, the lives of the two hundred other Christians in Qaryatain may well be in greater danger now than before his escape. And there is still no trace of his teacher, Father Paolo, the founder of the Christian community that loves Islam. Until our last breath there is hope.

The recipient of a peace prize should not call for war. But he can call to prayer. Ladies and gentlemen, I would like to make an unusual request – although, in a church, it is not really so unusual after all. I would like to ask you to refrain from applauding at the end of my speech and instead to pray for Father Paolo and the two hundred captive Christians of Qaryatain, for the children Father Jacques baptized, for the lovers he married, for the elderly whom he promised the last rites. And if you are not religious, then let your wishes be with those who have been abducted, and with Father Jacques, who struggles with the fact that only he has been freed. What are prayers after all but wishes addressed to God? I believe in wishes, and I believe that they have power in our world, with or without God. Without wishes, mankind would never have built one stone upon one another, the stones it so recklessly demolishes in war. And so I ask you, ladies and gentlemen, to pray for Jacques Mourad, pray for Paolo Dall'Oglio, pray for the Christians of Qaryatain, pray or wish for the liberation of all hostages and the freedom of Syria and Iraq. I invite you to stand up so that we can answer the snuff videos of the terrorists with a picture of our brotherhood.

Thank you.

Translated in English by Wieland Hoban and revised by Tony Crawford.

BIBLIOGRAPHIE
Ausgewählte Werke des Friedenspreisträgers
BIBLIOGRAPHY
Selected books by the laureate

»Ungläubiges Staunen. Über das Christentum«
    C. H. Beck Verlag, München 2015

»Große Liebe« *Roman*
    Carl Hanser Verlag, München 2014

»Zwischen Koran und Kafka. West-östliche Erkundungen«
    C. H. Beck Verlag, München 2014

»Album: Das Buch der von Neil Young Getöteten.
    Vierzig Leben. Du sollst. Kurzmitteilung«
    Carl Hanser Verlag, München 2014

»Wenn Ihr die schwarzen Flaggen seht –
    Eine Reise durch den Irak«
    mit Fotos von Ali Arkady und Sebastian Meyer
    SPIEGEL-Verlag, Hamburg 2014

»Ausnahmezustand. Reisen in eine beunruhigte Welt«
    C. H. Beck Verlag, München 2013

»Über den Zufall. Jean Paul, Hölderlin und der Roman,
    den ich schreibe«
    Carl Hanser Verlag, München 2012

»Vergesst Deutschland! Eine patriotische Rede«
 Ullstein Buchverlage, Berlin 2012

»Dein Name« *Roman*
 Carl Hanser Verlag, München 2011

»Wer ist Wir? Deutschland und seine Muslime«
 C. H. Beck Verlag, München 2009

»Kurzmitteilung« *Roman*
 Ammann Verlag, Zürich 2007

»Ayda, Bär und Hase« *Kinderbuch*
 Mit Illustrationen von Karsten Teich
 Picus Verlag, Wien 2006

»Der Schrecken Gottes. Attar, Hiob und die
 metaphysische Revolte«
 C. H. Beck Verlag, München 2005

»Du sollst« *Roman*
 Ammann Verlag, Zürich 2005

»Strategie der Eskalation.
 Der Nahe Osten und die Politik des Westens«
 Wallstein Verlag, Göttingen 2005

»Nach Europa: Rede zum 50. Jahrestag
 der Wiedereröffnung des Wiener Burgtheaters«
 Ammann Verlag, Zürich 2005

»Vierzig Leben« *Roman*
 Ammann Verlag, Zürich 2004, 208 S., Leinen, 19,90 €,
 ISBN 3-250-60068-7

»Schöner neuer Orient. Berichte von Städten und Kriegen«
 C. H. Beck Verlag, München 2003

»Toleranz« Drei Lesarten zu Lessings
 »Märchen vom Ring« im Jahre 2003
 von Angelika Overath, Navid Kermani und Robert Schindel
 Wallstein Verlag, Göttingen 2003

»Das Buch der von Neil Young Getöteten« *Roman*
 Ammann Verlag, Zürich 2002

»Dynamit des Geistes. Martyrium, Islam und Nihilismus«
 Wallstein Verlag, Göttingen 2002

Annemarie Schimmel
 »Auf den Spuren der Muslime:
 mein Leben zwischen den Kulturen«
 Gesprächsband, herausgegeben von Hartmut Bobzin
 und Navid Kermani
 Herder Verlag, Freiburg im Breisgau 2002

»Iran. Die Revolution der Kinder«
 C. H. Beck Verlag, München 2001

Nasr Hamid Abu Zaid
»Ein Leben mit dem Islam«
Erzählt von Navid Kermani.
Aus dem Arabischen von Cherifa Magdi
Herder Verlag, Freiburg im Breisgau 2001

»Gott ist schön. Das ästhetische Erleben des Koran«
C. H. Beck Verlag, München 1999

»Offenbarung als Kommunikation. Das Konzept waḥy
in Naṣr Ḥāmid Abū Zayds Mafhūm an-naṣṣ«
Peter Lang – Internationaler Verlag der Wissenschaft,
Frankfurt am Main et al. 1996

sowie zahlreiche Neuausgaben und weitere Veröffentlichungen
(Texte, Artikel, Essays, Reden, Rezensionen, Einleitungen, Nach-
worte, Nachdrucke von Zeitungsbeiträgen in Sammelbänden und
Texte für Anthologien), aufgelistet auf der Webseite des Friedenspreises www.friedenspreis-des-deutschen-buchhandels.de.

Navid Kermani, geboren am 27. November 1967 in Siegen als vierter Sohn iranischer Eltern, beginnt mit bereits fünfzehn Jahren regelmäßig für die *Westfälische Rundschau* zu schreiben. Nach dem Abitur und einer Hospitanz bei Roberto Ciulli am Theater in Mülheim an der Ruhr studiert er in Köln, Kairo und Bonn Islamwissenschaften, Philosophie und Theaterwissenschaft. Mit seiner Dissertation »Gott ist schön. Das ästhetische Erleben des Koran« (Verlag C. H. Beck 1999) sorgt er gleichermaßen in den deutschsprachigen Feuilletons wie in der internationalen Fachpresse für Aufmerksamkeit. Parallel zum Studium schreibt Kermani ab 1995 für die *Frankfurter Allgemeine Zeitung* Literaturkritiken und Reportagen und wird 1998 fester Mitarbeiter im Feuilleton. Zudem ist er als Dramaturg am Theater an der Ruhr (1994/95) und am Schauspielhaus Frankfurt (1998/99) tätig. 1994 gründet er in Isfahan, der Heimatstadt seiner Eltern, das erste internationale Kulturzentrum, das infolge von Spannungen im deutsch-iranischen Verhältnis 1997 wieder schließen muss.

Von 2000 bis 2003 ist Kermani Long Term Fellow am Berliner Wissenschaftskolleg und leitet in dieser Zeit den »Arbeitskreis Moderne und Islam«. Zudem initiiert er in dieser Zeit mehrere internationale Forschungsvorhaben wie etwa das Projekt »Jüdische und islamische Hermeneutik als Kulturkritik«, aus dem der Vorschlag für eine Jüdisch-Islamische Akademie in Berlin hervorgeht. Mit seinen ersten literarischen Veröffentlichungen entscheidet er sich 2003 gegen die Fortsetzung der akademischen Laufbahn und lebt seither als freier Schriftsteller. Gleichwohl habilitiert er sich 2005 im Fach Orientalistik an der Bonner Universität.

Neben seiner schriftstellerischen Tätigkeit veröffentlicht Kermani in der Folgezeit regelmäßig Beiträge, Reportagen und Kunstbetrachtungen in den großen deutschsprachigen Zeitungen sowie im *Spiegel*. Von 2006 bis 2009 ist er Teilnehmer der Deutschen Islam Konferenz und wird 2007 als erster Schriftsteller der zweiten bundesdeutschen Einwanderergeneration in die Deutsche Akademie für Sprache und Dichtung aufgenommen. Das anschließende Jahr 2008 verbringt er als Stipendiat der Villa Massimo in Rom. Zudem hält Kermani 2010 die traditionsreichen Frankfurter Poetikvorlesungen, ist 2013 Gastprofessor für Islamwissenschaft an der Universität Frankfurt und 2014 Gastprofessor für deutsche Literatur am Dartmouth College (USA).

Die literarischen Arbeiten von Navid Kermani, die zuerst im Ammann Verlag und seit 2011 im Carl Hanser Verlag erscheinen, thematisieren immer wieder die Grundfragen und Grenzerfahrungen der menschlichen Existenz wie Liebe und Sexualität, Verzückung und Tod. Schwerpunkte seiner wissenschaftlichen Bücher sind der Koran und die islamische Mystik. Darüber hinaus berichtet Kermani immer wieder als Reporter aus Kriegs- und Krisengebieten und beschäftigt er in seinen öffentlichen Stellungnahmen mit dem Verhältnis zwischen Glauben und Gesellschaft sowie den Beziehungen des Westens zu den Ländern im Nahen Osten.

Navid Kermani lebt seit 1988 in Köln und ist mit Katajun Amirpur verheiratet, die als Professorin für Islamwissenschaft an der Universität Hamburg lehrt. Das Paar hat zwei Töchter.

◇

Nach der Veröffentlichung seiner Doktorarbeit unter dem Titel »Gott ist schön« (1999), die – in mehrere Sprachen übersetzt – als ein Standardwerk der Islamwissenschaft angesehen wird, erscheinen in der Folgezeit eine Sammlung von Reportagen mit dem Titel »Iran. Die Revolution der Kinder« und der Gesprächsband »Ein

Leben mit dem Islam« (2001) als eine von Navid Kermani erzählte Autobiographie des ägyptischen Koranexperten Nasr Hamid Abu Zaid. Unter dem Eindruck der Terroranschläge vom 11. September 2001 in New York analysiert Kermani in dem Buch »Dynamit des Geistes – Martyrium, Islam und Nihilismus« (2002) die Geschichte des Selbstopferungsgedankens und die Genese des islamistischen Terrors.

Die als Soundtrack für ein Leben zwischen Babykoliken und philosophischen Gedankengängen konzipierte Erzählung »Das Buch der von Neil Young Getöten« (2002), die zu einem großen Publikums- wie Kritikererfolg wird, die feingesponnenen Erzählminiaturen in »Vierzig Leben« (2004) und der 2005 erscheinende Erzählband »Du sollst«, in dem er anhand der biblischen Gebote Situationen verkümmernder oder brutalisierter Sexualität schildert, sind Bestandteil der ersten zehn Jahre seines belletristischen Werks, das mit dem Kinderbuch »Ayda, Bär und Hase« (2006) und dem Roman »Kurzmitteilung« (2007) über einen Eventmanager, den der Tod einer entfernten Bekannten einige Tage aus der Bahn wirft, seine Fortsetzung findet.

Im gleichen Zeitraum veröffentlicht Kermani beginnend mit »Schöner neuer Orient: Berichte von Städten und Kriegen« (2003) zahlreiche Essaysammlungen und akademische Werke. »Schöner neuer Orient« ist eine Sammlung von Reportagen, welche dem Leser die Widersprüche und Ambivalenzen der heutigen islamischen Welt vor Augen führen. Das Zweifeln des Menschen an Gott angesichts von Ungerechtigkeit und Elend auf der Welt ist Thema des folgenden Buches, seiner Habilitationsschrift »Der Schrecken Gottes – Attar, Hiob und die metaphysische Revolte« (2005), das als eine grundlegende Studie über das Motiv der Auflehnung gegen Gott innerhalb der monotheistischen Religionen gilt: »In einer Zeit politisch motivierter neuer Abgrenzung und Ausgrenzung zwischen islamisch-orientalischer und christlich-westlicher Welt ist Kermanis Unternehmen buchstäblich grenzensprengend. Es ist für religiösen Fanatismus und Totalitarismus auf allen Seiten gefährlicher als die Attacke durch einen religionskritischen Atheisten« *(Frankfurter Rundschau).*

Der ebenfalls im Jahr 2005 veröffentlichte Band »Strategie der Eskalation. Der Nahe Osten und die Politik des Westens« ist eine Zusammenstellung von Kommentaren über die Bekämpfung des Terrors und die vertanen Chancen, dem Extremismus den Boden zu entziehen. 2009 erscheint das Buch »Wer ist wir? Deutschland und seine Muslime«, in dem sich Kermani mit Fragen der Integration auseinandersetzt und für einen differenzierten Blick auf Religionen und ihre Bedeutung im Alltagsleben plädiert.

◇

2010 übernimmt Navid Kermani die Poetik-Dozentur an der Frankfurter Goethe-Universität. Seine Vorlesungen werden 2012 unter dem Titel »Über den Zufall. Jean Paul, Hölderlin und der Roman, den ich schreibe« als eigenständiges Werk veröffentlicht. In dem 2006 begonnenen und mehr als 1200 Seiten umfassenden Roman »Dein Name« (2011), für den er den Joseph-Breitbach-Preis erhält, entwirft der Erzähler über eine Zeitspanne von fünf Jahren ein Panorama seiner Alltagswelt und der darin sich abzeichnenden Weltenläufe – »ein wahrhaftes Denkmal des menschlichen Geistes«, wie die *Neue Zürcher Zeitung* schreibt.

Mit den Reportagen, die in »Ausnahmezustand. Reisen in eine beunruhigte Welt« (2013) versammelt sind, führt Kermani den Leser zu dem Krisengürtel, der sich von Kaschmir über Pakistan, Afghanistan und Iran bis in die Arabische Welt und bis an die Grenzen und Küsten Europas erstreckt. Anhand von differenziert geschilderten Alltagsszenen und zwischenmenschlichen Begegnungen beschreibt er eindrücklich die menschlichen Schicksale, die sich hinter den meist namenlosen Berichten aus den Krisenregionen der Welt verbergen. 2014 reist Kermani für eine Serie von Reportagen, die zunächst im *Spiegel* und kurz darauf auch als E-Book erscheinen, quer durch den Irak.

In dem Roman »Große Liebe« (2014), der in den 1980er Jahren angesiedelt ist, führt Kermani dem Leser das zeitlose Schauspiel der Liebe in ihrer ganzen Majestät und Überschwänglichkeit vor, verknüpft mit den Erzählungen der arabisch-persischen Liebesmystik. Sein jüngstes Buch »Zwischen Koran und Kafka. West-östliche Erkundigungen« (2014) zeichnet die Begegnungen zwischen westlicher und orientalischer Literatur, Kunst und Religion nach – »die schönste essayistische Prosa, die gerade auf Deutsch zu haben ist« (WDR).

Im August 2015 erscheint mit »Ungläubiges Staunen. Über das Christentum« eine Reflexion von Navid Kermani über die christliche Kunst und Religion aus der persönlichen Sicht des deutschen Schriftstellers muslimischen Glaubens erscheinen.

◇

Neben seinen Büchern und Essays bezieht Navid Kermani auch mit vielen seiner Reden und Vorträge immer wieder Stellung zu politischen und gesellschaftlichen Debatten. Insbesondere setzt er sich dabei für die Bewahrung und Weiterentwicklung des europäischen Projektes ein. So erregt seine 1995 gehaltene Festrede zum 50. Jahrestag der Wiedereröffnung des Burgtheaters, in der er die europäische Flüchtlingspolitik anprangert, großes Aufsehen. 2009 wird ihm der Hessische Kulturpreis aufgrund eines Beitrags in der *Neuen Zürcher Zeitung* über die »Kreuzigung« von Guido Reni zunächst vom damaligen hessischen Ministerpräsidenten Roland Koch aberkannt. Später entschuldigt sich Koch bei Kermani, der den Preis daraufhin annimmt. Das Preisgeld spendet er der katholischen Gemeinde Köln-Vingst, die in der Kollekte für den Bau der Kölner Moschee gesammelt hat.

In seiner vielzitierten Rede anlässlich der Verkündung des Grundgesetzes vor 65 Jahren analysiert Kermani im Mai 2014 im Deutschen Bundestag emphatisch die Sprache des Grundgesetzes und dessen normative Kraft. Dabei führt er den Kniefall Willy Brandts als das symbolische Ereignis der Nachkriegsgeschichte an, mit dem die Bundesrepublik Deutschland ihre heutige Identität und Würde gefunden habe:

»Ich neige vor Bildschirmen nicht zur Sentimentalität, und doch ging es mir wie so vielen, als zu seinem 100. Geburtstag die Aufnahmen eines deutschen Kanzlers wiederholt wurden, der vor dem Ehrenmal im ehemaligen Warschauer Getto zurücktritt, einen Augenblick zögert und dann völlig überraschend auf die Knie fällt – ich kann das bis heute nicht sehen, ohne dass mir Tränen in die Augen schießen.

Und das Seltsame ist: Es sind neben allem anderen, neben der Rührung, der Erinnerung an die Verbrechen, dem jedes Mal neuen Staunen, es sind auch Tränen des Stolzes, des sehr leisen und doch bestimmten Stolzes auf eine solche Bundesrepublik Deutschland.

Sie ist das Deutschland, das ich liebe, nicht das großsprecherische, nicht das kraftmeiernde, nicht das Stolz-ein-Deutscher-zu-sein-Deutschland oder das Europa-spricht-endlich-Deutsch-Deutschland, vielmehr eine Nation, die über ihre Geschichte verzweifelt, die bis hin zur Selbstanklage mit sich ringt und hadert, zugleich am eigenen Versagen gereift ist, die nie mehr den Prunk benötigt, ihre Verfassung bescheiden Grundgesetz nennt und dem Fremden lieber eine Spur zu freundlich, zu arglos begegnet, als jemals wieder der Fremdenfeindlichkeit, der Überheblichkeit zu verfallen.«

Im weiteren Verlauf übt Kermani aber auch scharfe Kritik an den »Entstellungen«, die am Grundgesetz vorgenommen worden seien und widmet sich hier vor allem dem Artikel 16, dessen wundervoll bündiger Satz – ›Politisch Verfolgte genießen Asylrecht.‹ – zu einer

»monströsen Verordnung aus 275 Wörtern geriet, die wüst aufein-
andergestapelt und fest ineinander verschachtelt wurden, nur um
eines zu verbergen: dass Deutschland das Asyl als ein Grundrecht
praktisch abgeschafft hat.«

Nach den Anschlägen in Paris bekennt sich Navid Kermani Anfang 2015 als Hauptredner der Kölner Trauerkundgebung zu den
in der Zeit der Aufklärung entwickelten Grundwerten: Man brau-
che nicht weniger, sondern mehr Freiheit, um das Ziel des Terrorismus aber auch der europäischen Rechten, einen Keil in die Gesellschaft zu treiben, zu verhindern. Zugleich fordert er die Muslime auf, den Terrorismus nicht einfach als »unislamisch« abzutun:
»In dem Augenblick, da sich Terroristen auf den Islam berufen, hat
der Terror auch etwas mit dem Islam zu tun. Wir müssen die Auseinandersetzung mit der Lehre suchen, die heute weltweit Menschen gegeneinander aufhetzt und Andersgläubige ermordet oder
erniedrigt.«

AUSZEICHNUNGEN

Für sein literarisches und akademisches Werk hat Navid Kermani
zahlreiche Stipendien und Auszeichnungen erhalten.

2015 Friedenspreis des Deutschen Buchhandels
2014 Gerty-Spies-Literaturpreis
2014 Joseph-Breitbach-Preis
2012 Heinrich-von-Kleist-Preis
2012 Kölner Kulturpreis
2012 Cicero-Rednerpreis
2011 Hannah-Arendt-Preis für politisches Denken
2011 Buber-Rosenzweig-Medaille
2009 Hessischer Kulturpreis
2004 Europa-Preis der Heinz-Schwarzkopf-Stiftung
2003 Jahrespreis der Helga und Edzard Reuter-Stiftung
2000 Ernst-Bloch-Förderpreis

Navid Kermani was born on November 27, 1967 in Siegen, Germany. The fourth son of Iranian immigrant parents, Kermani was already writing articles for a regional newspaper known as the *Westfälische Rundschau* at the age of fifteen. After completing his Abitur (general qualification for university entrance) and an internship under Roberto Ciulli at the theatre in Mülheim an der Ruhr, he began his university education in Islamic Studies, Philosophy and Theater in Cologne, Cairo and Bonn. His dissertation titled »Gott ist schön. Das ästhetische Erleben des Koran« (»God is Beautiful. The Aesthetic Experience of the Quran«) published by C. H. Beck in 1999, garnered him much attention in the arts pages and »Feuilleton« sections of major German-language newspapers as well as in the international press. In 1995, parallel to his studies, Kermani began writing literary criticism and reportages for the *Frankfurter Allgemeine Zeitung*, and in 1998 he became a permanent employee in that paper's Feuilleton department. In addition, he also worked as a dramaturg at the Theater an der Ruhr (1994/95) and at the Schauspielhaus Frankfurt (1998/99). In 1994, he founded the first international cultural center in Isfahan, the hometown of his parents. The center was forced to close in 1997 due to tensions in German-Iranian relations.

From 2000 to 2003, Kermani was a long-term fellow at Berlin's Institute for Advanced Study *(Wissenschaftskolleg)* and also headed up the »Modernity and Islam Working Group« during that time. He additionally initiated many international research projects, including the project known as »Jewish and Islamic Hermeneutics as Cultural Critique,« out of which grew a proposal for a Jewish-

Islamic Academy in Berlin. In 2003, after his first literary publications, Kermani decided not to pursue an academic career; instead, he committed to living as a freelance writer, which he has done ever since. He nevertheless attained the academic *Habilitation* in the field of »Orientalistik« at the University of Bonn in 2005.

In addition to his literary activities, Kermani went on to author many essays, reportages and observations on art in the major German-language newspapers and magazines, including *Der Spiegel*. From 2006 to 2009, he was a participant in the German Islam Conference and in 2007 became the first writer belonging to the second generation of post-war immigrants to Germany to be inducted into the German Academy for Language and Literature. In 2008, he received a one-year stipend for the Villa Massimo in Rome and in 2010 was responsible for the prominent Frankfurt Literary Lecture Series. In 2013, Kermani was a guest professor for Islamic Studies at the University of Frankfurt and in 2014 guest professor in German Literature at Dartmouth College (USA).

Navid Kermani's literary work, which was first published by Ammann Verlag and since 2011 by Carl Hanser Verlag, repeatedly thematises the fundamental questions and »border experiences« of human existence, including love, sexuality, ecstasy and death. His academic work focuses to a large degree on the Quran and Islamic mysticism. In addition, Kermani has also worked as a correspondent reporting from war-torn areas. In his public statements and appearances, he often deals with the relationship between faith and society as well as between the West and the Middle East.

Navid Kermani has lived in Cologne since 1988 and is married to Katajun Amirpur, a professor of Islamic Studies at the University of Hamburg. The couple has two daughters.

◇

In 1999, Kermani published his doctoral thesis under the title »Gott ist schön« (»God is Beautiful«), and it would go on to be translated into many languages and become a definitive work in the field of Islamic Studies. Following that, he published a number of other works, including a collection of reportages with the title »Iran. Die Revolution der Kinder« (»Iran. The Revolution of the Children«) and a collection of interviews titled »Ein Leben mit dem Islam« (»A Life with Islam«) (2001), in which Kermani captures the autobiography of the Egyptian Quran expert Nasr Hamid Abu Zaid. After the 9/11 terror attacks in New York, Kermani used his book »Dynamit des Geistes – Martyrium, Islam und Nihilismus« (»Dynamite of the Spirit – Martyrdom, Islam and Nihilism«) (2002) to analyze the history of self-sacrifice and the genesis of Islamic terror.

The first ten years of Kermani's literary career included a story titled »Das Buch der von Neil Young Getöteten« (»The Book of Those Killed by Neil Young«) (2002), which was conceived as the soundtrack for a life spent between baby colic and philosophical reflection. The book went on to become a major popular and critical success. These years also included the fine-spun narrative miniatures in »Vierzig Leben« (»Forty Lives«) (2004) and the short story collection »Du sollst« (»Thou Shalt«) (2005), in which he depicts situations of degenerate and brutalized sexuality using biblical commandments. The children's book »Ayda, Bär und Hase« (»Ayda, Bear and Hare«) (2006) and the novel »Kurzmitteilung« (»Text Message«) (2007), about an event manager who gets thrown off for a few days by the death of a distant acquaintance, are two further examples of this productive period.

At that same time, Kermani also published several collections of essays and academic works, beginning with »Schöner neuer Orient: Berichte von Städten und Kriegen« (»Beautiful new Orient. Reports from Cities and Wars«) (2003). This work is a collection of reportages that depict the contradictions and ambivalences of today's Islamic world. The theme of his following book, his Habilitation thesis titled »Der Schrecken Gottes – Attar, Hiob und die metaphysische Revolte« (2005) and published in English in 2011 as »Terror of God. Attar, Job and the Metaphysical Revolt« (2011), focuses on the doubts held by men and women about God in the face of injustice and misery in the world. This book is a fundamental examination of the motif of rebellion against God within monotheistic religions: »In an era of politically motivated demarcations and exclusions between the Islamic-Oriental and Christian-West worlds, Kermani's enterprise literally breaks down these borders. In all respects, this book is more dangerous for religious fanaticism and totalitarianism than any attack on religion undertaken by an atheist.« *(Frankfurter Rundschau)*

The volume »Strategie der Eskalation. Der Nahe Osten und die Politik des Westens« (»Strategy of Escalation. The Middle East and the Politics of the West«), which was also published in 2005, is a compilation of commentaries on the fight against terror and the many opportunities wasted in the attempt to root out extremism. In 2009, Kermani published »Wer ist wir? Deutschland und seine Muslime« (»Who is we? Germany and its Muslims«), a book in which he examines questions of integration and calls for a nuanced view of religions and their meaning in everyday life.

◇

In 2010, Navid Kermani was asked to give the prominent Frankfurt Literary Lecture Series at Goethe University. His lectures were published as an independent work in 2012 under the title »Über den Zufall. Jean Paul, Hölderlin und der Roman, den ich schreibe« (»On Chance. Jean Paul, Hölderlin and the Novel I'm Writing«). A novel he began in 2006 – one that ended up being more than 1200 pages – was called »Dein Name« (»Your Name«) (2011) and went on to win the Joseph Breitbach Prize. In this book, the narrator creates a five-year panorama of his everyday life and the course of world events: the *Neue Zürcher Zeitung* called it »a true monument to the human mind.«

In the reportages collected in »Ausnahmezustand. Reisen in eine beunruhigte Welt« (»State of Emergency. Travels to a Troubled World«) (2013), Kermani takes the reader on a journey to the crisis area that extends from Kashmir, Pakistan, Afghanistan and Iran all the way to the Arab world and the borders and coasts of Europe. Taking a differentiated look at everyday scenes and interpersonal relationships, he is able to describe in an impressive manner the human fates that lie hidden behind the otherwise nameless reports from the world's most crisis-stricken areas. In 2014, Kermani travelled across Iraq for a series of reportages that were initially published in Germany's *Der Spiegel* magazine and shortly thereafter as an eBook.

In his novel »Große Liebe« (»Big Love«) (2014), Kermani depicts the timeless drama of life in all of its majesty and exuberance as linked to the stories found in the Arabic-Persian mysticism of love. His latest book, »Zwischen Koran und Kafka. West-östliche Erkundigungen« (»Between Quran and Kafka. West-East Inquiries«) (2014), traces the encounters between Western and Middle Eastern literature, art and religion and has »the most beautiful essayistic prose to be found in the German language today« *(WDR)*.

Kermani's new book, »Ungläubiges Staunen. Über das Christentum« (»Incredulous Astonishment. On Christianity«) is a reflection on Christian art and religion from the personal viewpoint of a German writer of Muslim faith.

◇

In addition to his many books and essays, Navid Kermani has always also contributed to political and social debates in the form of speeches and lectures. He is particularly committed to the preservation and further development of the European project. In 1995, for example, he attracted considerable attention for a speech he gave on the occasion of the 50th anniversary of the reopening of the Burgtheater, in which he denounced Europe's refugee policy. In 2009, the Minister President of the Federal State of Hesse, Roland Koch, withdrew the Hessian Cultural Prize because of an article Kermani had written in the *Neue Zürcher Zeitung* about the »crucifixion« of Guido Reni. Koch would go on to apologize to Kermani, who was then given the prize again. Kermani donated the prize money to the Catholic Church in Cologne-Vingst, which itself had collected money for the construction of the Cologne Mosque.

In May 2014, in his oft-quoted speech held in Germany's Bundestag marking the 65th anniversary of the promulgation of Germany's »Basic Law« or »Grundgesetz,« Kermani forcefully analyzed the language and normative power of the Grundgesetz. In his address, Kermani cited Willy Brandt's famous genuflection in Warsaw as the symbolic event of the post-War era – one with which the Federal Republic of Germany found its contemporary identity and dignity:

»I am not inclined to sentimentality, especially in front of television screens. And yet, I experienced what many did that day, on the occasion of [Brandt's] 100th birthday, as we were shown footage of the German chancellor in front of the memorial in the former Warsaw Ghetto. We watched him take a step backward, hesitate a moment, and then, completely unexpectedly, fall to his knees.

To this day, I cannot watch this without getting tears in my eyes. And the strange thing is: alongside everything else, alongside the emotion and the memory of the crimes committed, each time it's a new amazement. They are tears of pride.

And I'm talking about that very quiet yet unambiguous pride about a Germany that is capable of such gestures. This is the Germany I love. Not *the boastful, bruiser-type, ›proud-to-be-a-German‹ Germany or the ›European-but-basically-just-German‹ Germany. It's much more that nation that frets over its history, that quarrels and struggles with itself to the point of self-reproach, but also a nation that has matured from its own failures, one that no longer needs all that pomp, one that modestly calls its constitution the »Grundgesetz« or Basic Law, one that approaches ›the foreign‹ in a too friendly way, an innocent way, rather than risk falling into the trap of xenophobia and arrogance.«*

As he goes on, however, Kermani also makes sharp criticism of the »distortions« that have been undertaken with regard to the Grundgesetz. Here he concentrates first and foremost on Article 16, that wonderfully concise sentence (›Politically persecuted individuals have a right to asylum‹) which has since been turned into a »monstrous law containing 275 words, each desolately stacked upon the other and firmly intertwined with one another, with the ultimate goal of concealing one thing, i.e. that Germany has virtually abolished asylum as a fundamental human right.«

In early 2015, after the Charlie Hebdo attacks in Paris, Kermani spoke of his commitment to the core values developed during the Enlightenment in a keynote speech held at the Cologne gathering marking the tragedy. He argued that we need more freedom – not less – in order to avert the ambition of terrorism – but also of Europe's right-wing thinkers – to drive a wedge into society. At the same time, he called on Muslims to not simply dismiss terrorism as »un-Islamic«: »In the very moment that terrorists make a claim to Islam, terror has something to do with Islam. We must seek to understand the doctrine that incites people worldwide to violence against one another and murders and humiliates people of different faiths.«

Navid Kermani has received several stipends, awards and prizes for his literary and academic work.

2015 Peace Prize of the German Book Trade
2014 Gerty Spies Literature Prize
2014 Joseph Breitbach Prize
2012 Heinrich von Kleist Prize
2012 Cologne Culture Prize
2012 Cicero Speaker's Prize
2011 Hannah Arendt Prize for Political Thought
2011 Buber Rosenzweig Medal
2009 Hessian Culture Award
2004 European Prize of the Heinz Schwarzkopf Foundation
2003 Annual Award of the Helga and Edzard Reuter Foundation
2000 Ernst Bloch Prize

DIE FRIEDENSPREISTRÄGER
und ihre Laudatoren
PREVIOUS WINNERS OF THE PEACE PRIZE
and their laudatory speakers

1950 Max Tau – *Adolf Grimme*
1951 Albert Schweitzer – *Theodor Heuss*
1952 Romano Guardini – *Ernst Reuter*
1953 Martin Buber – *Albrecht Goes*
1954 Carl J. Burckhardt – *Theodor Heuss*
1955 Hermann Hesse – *Richard Benz*
1956 Reinhold Schneider – *Werner Bergengruen*
1957 Thornton Wilder – *Carl J. Burckhardt*
1958 Karl Jaspers – *Hannah Arendt*
1959 Theodor Heuss – *Benno Reifenberg*

1960 Victor Gollancz – *Heinrich Lübke*
1961 Sarvepalli Radhakrishnan – *Ernst Benz*
1962 Paul Tillich – *Otto Dibelius*
1963 Carl Friedrich von Weizsäcker – *Georg Picht*
1964 Gabriel Marcel – *Carlo Schmid*
1965 Nelly Sachs – *Werner Weber*
1966 Augustin Kardinal Bea und
        W. A. Visser 't Hooft – *Paul Mikat*
1967 Ernst Bloch – *Werner Maihofer*
1968 Léopold Sédar Senghor – *François Bondy*
1969 Alexander Mitscherlich – *Heinz Kohut*

1970 Alva und Gunnar Myrdal – *Karl Kaiser*
1971 Marion Gräfin Dönhoff – *Alfred Grosser*

1972 Janusz Korczak (posthum) – *Hartmut von Hentig*

1973 The Club of Rome – *Nello Celio*

1974 Frère Roger, Prior von Taizé – *(keine Laudatio)*

1975 Alfred Grosser – *Paul Frank*

1976 Max Frisch – *Hartmut von Hentig*

1977 Leszek Kołakowski – *Gesine Schwan*

1978 Astrid Lindgren – *Hans-Christian Kirsch, Gerold U. Becker*

1979 Yehudi Menuhin – *Pierre Bertaux*

1980 Ernesto Cardenal – *Johann Baptist Metz*

1981 Lew Kopelew – *Marion Gräfin Dönhoff*

1982 George F. Kennan – *Carl Friedrich von Weizsäcker*

1983 Manès Sperber – *Siegfried Lenz*

1984 Octavio Paz – *Richard von Weizsäcker*

1985 Teddy Kollek – *Manfred Rommel*

1986 Władysław Bartoszewski – *Hans Maier*

1987 Hans Jonas – *Robert Spaemann*

1988 Siegfried Lenz – *Yohanan Meroz*

1989 Václav Havel – *André Glucksmann*

1990 Karl Dedecius – *Heinrich Olschowsky*

1991 György Konrád – *Jorge Semprún*

1992 Amos Oz – *Siegfried Lenz*

1993 Friedrich Schorlemmer – *Richard von Weizsäcker*

1994 Jorge Semprún – *Wolf Lepenies*

1995 Annemarie Schimmel – *Roman Herzog*

1996 Mario Vargas Llosa – *Jorge Semprún*

1997 Yaşar Kemal – *Günter Grass*

1998 Martin Walser – *Frank Schirrmacher*

1999 Fritz Stern – *Bronislaw Geremek*

2000 Assia Djebar – *Barbara Frischmuth*
2001 Jürgen Habermas – *Jan Philipp Reemtsma*
2002 Chinua Achebe – *Theodor Berchem*
2003 Susan Sontag – *Ivan Nagel*
2004 Péter Esterházy – *Michael Naumann*
2005 Orhan Pamuk – *Joachim Sartorius*
2006 Wolf Lepenies – *Andrei Pleşu*
2007 Saul Friedländer – *Wolfgang Frühwald*
2008 Anselm Kiefer – *Werner Spies*
2009 Claudio Magris – *Karl Schlögel*

2010 David Grossman – *Joachim Gauck*
2011 Boualem Sansal – *Peter von Matt*
2012 Liao Yiwu – *Felicitas von Lovenberg*
2013 Swetlana Alexijewitsch – *Karl Schlögel*
2014 Jaron Lanier – *Martin Schulz*
2015 Navid Kermani – *Norbert Miller*